基金项目：
河南省软科学研究计划项目(212400410550)
河南财政金融学院科研启动基金项目(2020BS006)

监管政策变迁背景下
商业银行理财产品创新研究

Jianguan Zhengce Bianqian Beijingxia

Shangye Yinhang Licai Chanpin Chuangxin Yanjiu

李娜　著

西南财经大学出版社

中国·成都

图书在版编目(CIP)数据

监管政策变迁背景下商业银行理财产品创新研究/ 李娜著 . —成都：西南财经大学出版社，2021.8
ISBN 978-7-5504-4953-4

Ⅰ.①监… Ⅱ.①李… Ⅲ.①商业银行—金融产品—银行监管—研究—中国 Ⅳ.①F832.33

中国版本图书馆 CIP 数据核字(2021)第 132161 号

监管政策变迁背景下商业银行理财产品创新研究
李娜 著

责任编辑：刘佳庆
封面设计：张姗姗
责任印制：朱曼丽

出版发行	西南财经大学出版社(四川省成都市光华村街55号)
网 址	http://cbs.swufe.edu.cn
电子邮件	bookcj@swufe.edu.cn
邮政编码	610074
电 话	028-87353785
照 排	四川胜翔数码印务设计有限公司
印 刷	成都市火炬印务有限公司
成品尺寸	170mm×240mm
印 张	12.5
字 数	335 千字
版 次	2021 年 8 月第 1 版
印 次	2021 年 8 月第 1 次印刷
书 号	ISBN 978-7-5504-4953-4
定 价	78.00 元

前　言

在中国经济持续多年稳定增长、居民财富快速积累的背景下，以代客理财为主的资产管理（以下简称"资管"）行业不断壮大。在不统一的监管体系下，资管行业的发展伴随着社会各界的质疑、规避政策的模式创新和监管长期博弈，刚性兑付始终未被打破，使得资产管理规模迅速扩大的同时，集聚了大量的风险，商业银行理财产品作为资管链条的上游，成为风险的最终传导环节。过往多年，为规范商业银行理财业务的发展，监管部门出台了超过40个政策文件，内容囊括理财业务的资格准入、投资方向、风险管理、操作规范等各个方面，但总体来看，监管政策往往在出台不长的时间内，就会被商业银行理财产品创新所突破，效果并不理想。

本书借鉴国内外相关研究，结合定量和定性分析，透过监管政策变迁视角研究商业银行理财产品创新。从逻辑关系上看，创新也是理财产品收益率的重要影响因素，但其特殊性在于，理财产品创新的过程往往是与监管政策博弈的过程，在短期内对收益率有重大影响。所以，有必要对监管政策变迁和商业银行理财产品创新之间的内在联系、博弈过程，以及理财产品创新如何突破监管政策而对收益率产生影响，进行定性、定量的深入研究。

本书首先运用门限回归模型考察加入监管政策变迁的商业银行理财产品收益率的影响因素；然后定性考察监管政策变迁背景下商业银行理财产品创新的演变，并将收益率影响因素模型延伸，运用两时期横截面数据探索理财产品创新的效应；最后，在运用创新模型并结合定性分析的基础上，研究资管新规的政策效应及影响，提出资管新规实施三年多之后商业银行理财业务的进一步转型发展的政策建议。

本书的出版获得如下由作者本人主持的基金项目支持：

1. 河南省软科学研究计划项目（212400410550）；

2. 河南财政金融学院科研启动基金项目（2020BS006）。

李娜

2021 年 3 月

目　录

第一章　导　论

第一节　研究背景与研究意义

一、研究界定

商业银行理财业务是资产管理业务的一个重要分支，商业银行是资产管理行业的重要参与者。在欧美地区，"资产管理"① （Asset Management） 是一个被广泛使用的词汇，广义上的资产管理是指投资人委托资产管理者对其资产进行管理和维护，以实现资产保值增值的过程，委托人要承担投资风险，管理人收取适当的佣金②。美国财政部在 2013 年度《资产管理和金融稳定》报告中描述"资产管理者作为受托人，为客户提供投资管理和相关辅助服务；客户多样化的需求使得资产管理者发展出不同的公司结构和商业模式——从专注于单一资产的精品投资公司到能提供全方位服务的大型金融机构"③。总体来讲，这仍然是宽泛的描述，而非严谨的定义。更具体的定义来看，Anderson （2015）指出，"资产管理"是指受托人接受委托人委托，根据双方签订的具有法律效力的合同，对委托人合同约定的资产进行投资运作，提供证券或其他各类投资品投资管理服务的行为。

---

① 资产管理行业最早起源于欧洲，面对的客户主要是各国政府以及少数拥有较多财富的个人。资料显示，1774 年荷兰商人凯特威士（Ketwich）已经开始付诸实践，但是真正以基金运作模式推广开来的是 1868 年在英国成立的 "海外及殖民地政府信托基金"（The Foreign and Colonial Government Trust）。该基金投资于美国、俄罗斯、埃及等国的 17 种政府债券，初步具备了资产管理的雏形。

② 郑智、张胜男：《中国资产管理行业发展报告（2014）》，社会科学文献出版社，2014，第 3 页。

③ 郑智、张胜男：《中国资产管理行业发展报告（2014）》，社会科学文献出版社，2014，第 3 页。

从国内看，艾建华等（2015）指出，资产管理从广义上来说，是指投资者将资产投资于相关市场的行为和过程，既可以是投资者管理自己的资产，也可以是受托人管理他人的资产。2018 年 3 月 28 日通过的《关于规范金融机构资产管理业务的指导意见》（银发〔2018〕106 号文）将资产管理业务定义为，银行、信托、证券、基金、期货、保险资产管理机构、金融资产投资公司等金融机构接受投资者委托，对受托的投资者财产进行投资和管理的金融服务。2018 年 9 月 26 日发布的《商业银行理财业务监督管理办法》中，监管部门又将理财业务定义为商业银行接受投资者委托，按照与投资者事先约定的投资策略、风险承担和收益分配方式，对受托的投资者财产进行投资和管理的金融服务，这里所称理财产品是指商业银行按照约定条件和实际投资收益情况向投资者支付收益、不保证本金支付和收益水平的非保本理财产品。

笔者认为，商业银行理财业务作为资产管理业务的一个重要分支，具有现代意义上的资产管理"受托投资"的性质，指商业银行向客户募集资金或者接受客户委托担任资产管理人，本着为客户财产保值、增值的目标，按照与客户的约定对其资产进行投资管理，并收取管理费用及业绩报酬的行为（艾建华，2015）。其基本不占用资本金，银行在资产运作中只提供理财咨询、受托投资、代客投资等服务，不承担主要风险，依靠收取固定佣金或手续费获得业务收入，具有与传统表内业务完全不同的运作规律和业务特征（王丽丽，2014）。

本书的研究对象是商业银行理财业务，从发展脉络来看，2009 年，中国工商银行最早启动理财业务改革，在总行层面成立一级部门资产管理部。2013 年，在光大银行成立第 2 家资产管理部之后，各家银行也纷纷效仿，成立了专营理财业务一级部门资产管理部，将分散在金融市场、个人金融、投资银行、公司银行等部门的理财业务集中于一个部门，主要职能是理财产品的开发设计、理财产品的投资管理，以及为客户提供受托投资、资产管理投资咨询等代客服务。2014 年 7 月，银监会进一步发布《关于完善银行理财业务组织管理体系有关事项的通知》，明确要求银行按照单独核算、风险隔离、行为规范、归口管理等要求开展理财业务事业部改革，设立专门的理财业务经营部门负责统一经营管理全行理财业务。自此之后，商业银行理财业务的运作形式逐渐趋近于境外金融中介或境内证券公司、基金公司等开展的资产管理业务。

在相关研究的表述中，如本书所引用的参考文献表述，有使用商业银行理财业务或理财产品表述，亦有用商业银行资管业务或资管产品表述，其本质无区别。但是，鉴于商业银行理财业务或理财产品更符合最新的监管政策表述，所以本书统一使用商业银行理财业务或理财产品。另外，理财业务和理财产品是两个不同维度的概念，理财业务相对宏观，是一个相对整体的概念，理财产品相对微观，是从产品设计的角度出发的。所以，本书在谈整体发展情况用理财业务，在谈产品收益率或模式时用理财产品。

本书的书名即《监管政策变迁背景下商业银行理财产品创新研究》，已给出了具体的研究方向，商业银行理财产品受到很多因素的影响，其中包含了监管政策变迁的影响。这里还需要特别说明的是，模式创新是指商业银行理财产品设计上的创新，这些设计主要体现在投资路径的差别，在第六章中可以看到很多商业银行理财产品的具体模式，更能直观体会到这个词的含义。

二、研究背景

近些年，在中国经济持续多年稳定增长、居民财富快速积累的背景下，以代客理财为主业的资产管理行业（简称"资管行业"）不断壮大。从货币市场、债券市场、类固定收益市场到股票市场，再到衍生品市场等，资管产品几乎无处不在。虽然存在各种"越位""踩线"的争议，但资管行业的蓬勃发展已是不争的事实。这一方面得益于过去居民财富的快速增长，以及投资理财意识的觉醒，投资者不再满足过去单一储蓄的财富管理方式，所以差异化、多元化的资管产品应运而生。另一方面则是金融改革背景下，利率市场化和金融脱媒为资管行业发展提供了外部环境。

随着利率市场化改革推进和金融脱媒深化，商业银行也希望改变过往过度依赖存贷利差的局面，并逐渐成为资管行业的重要参与者之一。尤其在近几年，商业银行作为资金的主要提供者（另外一个主要提供者是保险公司），逐步处于资管行业的核心位置。而信托公司、券商资管和基金子公司更多扮演着金融产品创设者的角色。截止到 2017 年年末，各类资管机构管理资产规模达到 118 万亿元，其中商业银行理财产品占比 25.1%，如图 1-1、表 1-1 所示。但是，在不统一的监管体系下，资管行业发展伴随着社会各界的质疑，规避政策的模式创新和监管长期博弈，刚性兑付始终未被打破，使得资产管理规模迅速扩大的同时，集聚了大量的风险，商业银行理财产品作为资管链条的上游尤其如此，成为风险的最终传导环节。

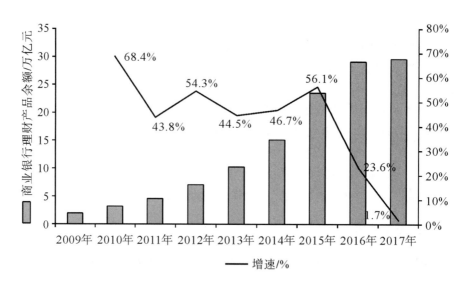

图 1-1 商业银行理财产品增长变化趋势

表 1-1 2017 年年末主要银行总资产与理财业务规模①

国有大型银行	总资产/亿元	存款/亿元	理财/亿元	理财/总资产（%）
中国工商银行	260 870	192 263	30 121	11. 55
中国农业银行	210 534	161 943	17 608	8. 36
中国银行	194 674	136 579	15 159	7. 79
中国建设银行	221 244	163 638	20 853	9. 43
股份制银行	总资产/亿元	存款/亿元	理财/亿元	理财/总资产（%）
招商银行	62 976	40 643	21 900	34. 77
浦发银行	61 372	30 379	20 226	32. 96
中信银行	56 777	34 076	14 921	26. 28
民生银行	59 021	29 701	11 535	19. 54
兴业银行	64 168	30 869	16 500	25. 71
城商行	总资产/亿元	存款/亿元	理财/亿元	理财/总资产（%）

---

① 数据来源：商业银行 2017 年度年报、Wind 数据库。

表1-1（续）

国有大型银行	总资产/亿元	存款/亿元	理财/亿元	理财/总资产（%）
北京银行	23 298	12 687	4 922	21.12
宁波银行	10 320	5 653	2 423	23.48
南京银行	11 423	7 226	2 140	18.74
江苏银行	17 706	10 078	3 588	20.26
合计	2 524 000	1 692 700	295 400	11.70

过去多年，为规范商业银行理财业务的发展，监管部门出台了超过30部政策文件，内容涵盖理财业务的风险控制、投资运作、数据统计以及组织管理体系等众多方面，但总体来看，凡是涉及重大业务规范和调整的，监管政策在出台不长时间内，总会被新的产品模式创新所突破，效果并不理想。正是由于上述原因，近些年，包括商业银行理财在内的资管行业成为一个重要的金融研究领域。在监管部门、学术界等社会各界的共同努力下，2018年4月27日中国人民银行、银保监会、证监会、外管局联合发布了《关于规范金融机构资产管理业务的指导意见》（简称"资管新规"）。2018年9月28日，银保监会发布《商业银行理财业务监督管理办法》（简称"理财管理办法"），作为资管新规下商业银行的配套实施细则。2018年12月2日，银保监会进一步发布《商业银行理财子公司管理办法》（简称"理财子公司管理办法"），作为理财管理办法的配套制度。后两个文件也称为"理财新规"。

在此背景下，本书试图结合定量和定性分析，借鉴国内外相关研究，在考虑不同时期监管政策变迁影响的基础上，运用时间序列数据分析商业银行理财产品收益率的影响因素；基于门限回归模型的结论，本书将运用两时期横截面数据探索加入理财产品模式创新变量的模型，但是由于并不存在直接可以观察到的指标，所以需要找到度量的方法。本书基于两个思路找到了相应的测量方法：一是基于不同类型银行的方法。由于不同类型银行创新力度存在差异，如果控制了理财产品收益率影响因素，那么收益率的差别即可表示不同类型银行创新力度的差异程度。二是基于不同政策效应期的方法。我们猜想，重大监管政策出台后会产生明显的抑制效应，但随后如果被产品进一步的模式创新突破，那么在控制相关影响因素的情况下，两个时期收益率的差异，即可以衡量产品模式创新的力度。总体来讲，本书是从商业银行理财产品收益率影响因素模型起步，然后运用两种方法或思路进一步探索了商业银行理财产品模式创新的效应，并结合定性分析的内容，研究了不同时期监管政策效应或理财产品模式创新对重大监管政策的突破。最后将上述研究方法运用到资管新规的研究中去。

三、研究意义

（1）商业银行理财产品是中国近年来最活跃的金融创新领域之一，凭借较高的收益率分流了大量银行存款。在金融创新背景下，商业银行理财产品收益率与底层资产、市场收益率、金融体系流动性等很多因素具有紧密联系。另外，重大监管政策出台影响了产品模式，从而也间接影响理财产品的收益率，所以商业银行理财产品收益率本就是一个很有意义的研究课题。加强对理财产品收益率影响因素的研究，不仅是商业银行转型和发展的需求，也有助于银行深刻理解理财产品和金融市场的关系，进一步发挥其连接金融市场和实体经济的纽带作用。

（2）本书以4家国有大型银行、5家股份制银行、4家城市商业银行、4家农村商业银行2008年12月至2018年8月数据为样本，运用门限回归模型，基于监管政策带来收益率变异的角度，考察了市场利率、产品期限、金融体系流动性和商业银行人民币理财产品收益率协整关系。结果表明：在过去近10年内，重大监管政策出台后确实对商业银行人民币理财产品的收益率产生了短期的抑制效应，但长期效果不明显；产品期限、市场利率是理财产品收益率的重要决定因素，金融体系流动性变化亦能够对收益率产生影响。

（3）事实上，过去多年监管政策并没有收到很好的监管效果，很多政策被模式创新所突破，没有起到真正作用。在过去10年商业银行理财产品模式创新变迁的基础上，基于商业银行理财产品收益率影响因素模型研究，笔者发现了两种加入模式创新因素的方法，并据此延伸出两个模型，据此寻找到重大监管政策周期被模式创新突破的经验证据，并运用创新扩展模型之一对2018年资管新规的政策效果进行分析，检验了2018年资管新规的政策效果。

（4）过去监管部门各自为政，监管规则和标准不统一，资管行业易于造成通过层层嵌套进行监管套利，底层资产很难摸清，在此背景下又存在刚性兑付的压力，同时资金池模式聚集了大量的流动性风险。随着资管行业规模不断扩大，潜在的金融风险也在不断加大，商业银行存在通过理财产品腾挪表内资产的动力，使得宏观调控的有效性下降，影响了金融服务实体经济的效率。所以，对商业银行理财产品收益率影响因素和模式创新的研究，对宏观和监管政策制定者具有参考价值。

第二节　研究目标和研究方法

一、研究目标

本书的研究目标是基于监管政策变迁视角，探索商业银行理财产品收益率影响因素，包括重大监管政策所带来的影响；以此为基础，运用多个两时期横截面数据模型，在控制收益率影响因素条件下，找到商业银行理财产品模式创新的经验证据，并结合商业银行理财产品模式创新等定性分析，以及在 2018 年资管新规的基础上，最终提出商业银行理财产品转型和发展的政策建议。

本书遵循发现问题、分析问题和解决问题的研究思路，运用定量和定性分析相结合的方式，借鉴国内外相关研究，建立商业银行理财产品收益率影响因素模型，并运用门限变量将重大监管政策纳入考察；在此基础上，考虑不同时期的重大监管政策和模式创新，基于不同类型银行创新力度和政策效应的不同时期，以及上述商业银行理财产品收益率影响因素模型，找到度量商业银行理财产品模式创新力度的变量，建立两个考虑创新因素的延伸模型——基于不同类型银行理财产品创新效应差异模型和加入模式创新虚拟变量的两时期政策效应模型，分析 2009 年 12 月规范通过银信合作方式信贷资产出表的监管政策效果，2010 年进一步规范银信合作理财的监管政策效果，以及 2013 年限制理财产品非标投资的监管政策效果，并将后者运用于 2018 年资管新规的政策效果分析。

具体来讲，本书的研究目标可以细化为四个子目标，并且四个子目标在逻辑上是递进关系：

（1）研究商业银行理财产品收益率影响因素（建立收益率影响因素模型），并运用门限变量将重大监管政策因素纳入考察；

（2）研究监管政策变迁背景下商业银行理财产品模式创新的演变；

（3）基于商业银行理财产品收益率影响因素模型，找到商业银行理财产品模式创新的经验证据，包括监管政策效应的经验证据；

（4）基于量化研究证据并结合定性分析以及 2018 年资管新规的逻辑，提出商业银行理财产品或业务的转型和发展的政策建议。

二、研究方法

本书在研究商业银行理财产品收益率和模式创新领域相关文献的基础上，建立收益率影响因素模型作为定量研究的逻辑起点，并考虑模式创新因素建立两个延伸模型，过程中需要定性研究配合和支撑。采用的研究方法有：

（1）文献分析法。通过查阅国内外相关文献，进行总结提炼，将适合的研究内容、方法纳入本书的研究中去。吸收借鉴已有的研究成果，采用一些可供支持的理论、观点、数据，进行归纳总结，作为本书研究基础。

（2）因素分析法。这一方法主要运用于建立商业银行理财产品收益率影响因素模型章节。包括理财产品收益率与市场利率、产品期限、金融体系流动性、政策效应变量等的关系，还有一些不包含在模型中的变量，最终为建立商业银行理财产品收益率影响因素模型以及模型的延伸做准备。

（3）实证研究法。实证研究方法是本书重点采用的研究方法，除因素分析法中所探讨的商业银行理财产品收益率影响因素模型之外，还包括监管政策变迁背景下商业银行理财产品模式创新的经验证据——理财产品收益率影响因素模型的延伸，以及运用该模型对资管新规（2018）的政策效果分析，前后涉及三个章节。通过收集近年来商业银行理财产品的相关数据，进行描述性统计和建立回归模型。本书将通过两个思路找到商业银行模式创新力度的度量方法。一是基于不同类型银行的方法。由于不同类型银行创新力度存在差异，如果控制了理财产品收益率影响因素，那么收益率的差别即可表示不同类型银行创新力度的差异程度。二是基于不同政策效应期的方法。重大监管政策出台后会产生明显的抑制效应，但随后如果被产品进一步的模式创新突破，那么在控制相关影响因素的情况下，两个时期收益率的差异，即可以衡量产品模式创新的力度。本书数据主要来源于 Wind 数据库，区分银行类型并对原始数据进行整理。

（4）比较分析法。通过对比商业银行理财业务发展不同阶段，对监管政策的变迁进行分析，探索不同时期商业银行理财产品的创新模式，总结出主要逻辑和特点，包括各个时期规避监管政策的模式创新，作为构建模型政策变量的基础。比较分析法也是文章中定性研究部分最主要的研究方法。

第三节　研究框架和技术路线

如上所述，本书将建立商业银行理财产品收益率的影响因素模型，以及考虑创新因素的两个延伸模型——不同类型银行理财产品创新效应模型和基于监管政策变迁的不同政策效应期理财产品创新效应模型，最终根据模型结果和定性分析，提出商业银行理财业务转型发展方向和政策建议。全书共八个部分：

第一章，导论，提出本书研究背景及意义，确定研究目标、研究方法，陈述本书的章节安排和创新之处。

第二章，通过梳理相关理论与文献，包括资产定价、期限结构、金融创新、金融抑制、金融监管相关理论，以及收益率影响因素、监管政策变迁、模式创新等几个方面的文献研究，提出本书的研究思路，确定重大监管政策变迁的重要时间节点，并总结出模式创新的特点，为后期扩展模型设定创新因素变量提供参考。

第三章，在了解资管市场和商业银行理财业务发展概况的基础上，分析和研究不同时间节点前后监管政策变迁的逻辑，为商业银行理财产品收益率影响因素模型数据时期的划分和虚拟变量设定提供基础。

第四章，建立商业银行收益率影响因素模型，并运用门限变量将重大监管政策效应纳入考察，分析影响理财产品收益率的相关因素，并考察国有大型银行、股份制银行、城市行、农商行在理财产品定价方面的差异。

第五章，从规范的角度，探索商业银行与监管政策的博弈，更进一步地了解在短期抑制效应之后，商业银行如何通过模式创新达到突破监管政策、进而影响到收益率的目的。另外还研究了2018年"资管新规"之前形成的理财产品体系。

第六章，在第五章定性研究的基础上，运用上面已多次提到的不同类型银行理财产品创新效应模型和基于监管政策变迁的不同政策效应期理财产品创新效应模型，考察监管政策变迁背景下商业银行理财产品模式创新的经验证据。

第七章，进一步研究2018年资管新规的影响，利用第四章、第六章的研究方法，对2018年资管新规效果进行分析。

第八章，陈述全书主要结论，结合2018年资管新规等理财监管政策，提出商业银行理财业务转型发展的方向和政策建议。同时对本书研究的局限性和不足进行思考，并提出今后对该问题的进一步研究思路。

本书结构如图 1-2 所示：

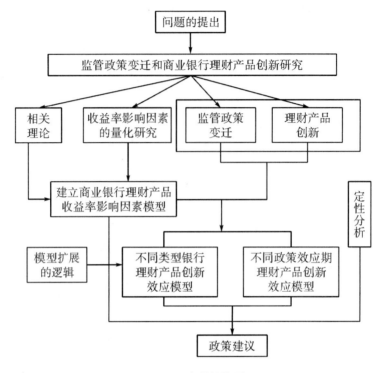

图 1-2　本书结构图

第四节　创新之处

（1）本书将重大监管政策对商业银行理财产品收益率的冲击纳入研究，目前文献尚未看到如此做法。从技术方法上，将门限回归模型运用于加入政策冲击因素的商业银行理财产品收益率影响因素模型，在目前的研究中也尚属首次。模型还考察了金融体系流动性变化对理财产品收益率的影响，也属于目前定量研究中少见的情形。

（2）对商业银行非保本理财产品和保本理财产品收益变动关系研究，此前的文献尚未看到相关研究。本书依据模型结论提出观点：一是虽然监管政策主要针对的是非保本理财产品，但保本理财产品收益率也存在门限效应，说明重大监管政策对保本理财产品收益率也产生了影响。二是非保本理财产品和保本理财产品收益率不仅存在长期变动关系，也存在短期变动关系。通过 EG-

ADF 模型和 ECM 模型给出了相应结论：非保本理财产品与保本理财产品收益率均有长期稳定的协整关系，亦存在短期的传导效应，针对表外理财或非保本理财的监管政策会通过传导关系影响到保本理财产品，即非保本理财产品收益率变化对保本理财产品收益率存在带动作用。

（3）模式创新效应的度量。由于模式创新没有直接的度量指标，本书基于商业银行理财产品收益率影响因素模型研究，找到两种量化模式创新力度的方法，并据此延伸出两个模型。一是监管政策在出台一定时期之后将逐步被模式创新所弱化，在控制其他自变量不变的情况下，模式创新将会提高理财产品收益率，这里可以设置虚拟变量来进行模式创新考察；二是不同类型银行模式创新力度会有差别，在控制一般收益率影响因素和产品期限因素之后，虚拟变量的回归系数即可代表不同类型银行创新力度的差别。

（4）归纳总结商业银行与监管政策博弈的历程，探索商业银行理财产品模式创新的演变过程。目前相关文献主要是针对不同时期、不同监管政策下的模式创新，尚未出现一个系统性的总结梳理。

（5）本书还将运用不同政策效应期模型对 2018 年资管新规的政策效果做进一步探索，考察 2018 年资管新规的政策效应；并结合资管新规和商业银行理财管理办法、子公司管理办法等配套政策提出商业银行发展理财业务转型发展的方向和政策建议。

第二章　文献综述和理论基础

　　结合本书的主题和第一章导论中的逻辑结构，本章将对商业银行理财产品收益率影响因素相关研究、监管政策变迁以及理财产品的模式创新研究做文献综述。同时从理论方面来说，商业银行理财产品是一个资产组合，其收益率取决于所投资资产的收益，并承担相应风险，而实际在过去多年发展过程中，作为存款的主要替代品，商业银行对其承担了其中的风险，从而使得其具有刚性兑付特征。所以商业银行理财产品收益率的决定或定价又与资产定价理论存在差异。商业银行发行的理财产品具有不同期限，所以期限结构理论不可或缺，另外还有金融创新、金融抑制、金融监管理论，共同作为本书研究理财产品创新和政策抑制的理论基础。

第一节　文献综述

一、商业银行理财产品收益率影响因素文献综述

　　国外对资管产品定价问题相关的研究主要集中在结构化资管产品①的定价研究，定价方法基本遵循布莱克和斯科尔斯（Black and Scholes，1973）以及莫顿（Merton，1973）提出的期权定价理论②，以及后期高德曼、索辛、葛特（Goldman、Sosin and Gatto，1979），肯玛和沃斯特（Kemma and Vorst，1990），布劳迪、格拉斯曼和库（Broadie、Glasserman and Kou，1997）等人的改进和

---

　　① 结构化资管产品的本质就是金融衍生品的组合，是为满足特定投资者的特定需求而设计的，它的发行与对冲是通过大银行的销售交易部门进行的。

　　② Fisher Black 和 Myron Scholes 于 1973 年发表的题为 *The pricing of Options and Corporate Liabilities* 一文，提出了经典的 Black-Scholes 期权定价公式，成为期权定价方面经典的文献之一。

修订①。如陈、希尔斯（Chen，Sears，1990）对 SPIN（金融市场最早出现的挂钩型理财产品）进行的定价研究，他们将 SPIN 分成普通债券和欧式期权，分别用普通债券定价模型以及 Black-Scholes 公式对其进行定价。实际中，绝大多数国内银行所谓的结构化资管产品，并非真正的结构化产品，而是"保本保收益"产品，统计上又被银行计入结构性存款，仅有少量或外资银行发行的结构化资管产品才是真实的结构化资管产品。实际中，由于我国商业银行理财产品与国外产品区别较大，所以具有借鉴意义的实证研究主要依赖于国内学者。总体上，有以下几个方向：

一是基于存款替代的角度。孙建坤、曹桂山和卢博森（2012）研究发现，商业银行理财产品作为存款的替代品，客户在比较产品时，存款利率是主要的参考依据，所以理财产品的定价需要依据存款基准利率。存款基准利率也是商业银行理财产品的定价基准。祝红梅（2012）考察了 2008 年 1 月到 2011 年 6 月间商业银行发行的信贷类和票据类理财产品，对商业银行理财产品定价的决定因素进行了实证研究。得出的结论是：商业银行理财产品预期收益率普遍低于贷款利率，但全部明显高于存款利率，在实质上突破了当时存贷款利率的管制。其中信贷类产品，6 个月以上长期产品的主要定价依据是存款基准利率。短期产品的定价除参考基准利率外，还受到代表市场资金价格的银行间同业拆借市场利率的显著影响：票据类产品中，贷款基准利率对各期限产品定价都有显著影响。除期限为 12 个月的产品外，其他期限产品的定价都明显受到票据市场利率的影响。

二是基于定价区间的角度。张水茂（2014）提出，定期存款利率是理财产品定价的下限，贷款利率是理财产品定价的上限，在上限和下限范围内理财产品收益率随资金供求关系变化而变化。

三是基于宏观变量的角度。高勇、王东（2015）研究了 2009 年至 2014 年银行发行的全部人民币资管产品收益率的均值和波动性特征。吴国培（2015）发现理财产品收益率与宏观经济变量之间存在显著的相关性，GDP 的历史变动会影响资管产品收益率曲线水平，理财产品收益率曲线除了受到 CPI 变化影响，还包含了对未来 GDP 水平的预期。

四是基于市场利率的角度。盛方富（2013）发现保证收益类理财产品收益率同 Shibor 利率之间具有对称的双向传导关系；祝红梅（2012）实证分析

---

① 昌忠泽、曹沁：《利率市场化条件下我国商业银行理财产品定价中枢及溢价模型实证研究》，《投资研究》2017 年第 10 期，第 5 页。

结果表明，多数商业银行理财产品的定价体现了市场因素，6个月以上长期产品的主要定价依据是存款基准利率，短期产品的定价除参考基准利率外，还受到代表市场资金价格的银行间同业拆借市场利率的显著影响。昌忠泽、曹沁（2017）运用相关性分析、随机森林回归方法及VAR模型探索构建理财产品定价中枢及溢价的量化模型。研究认为，商业银行理财产品定价中枢与央行利率、市场利率和银行利率均具有正相关性，并且市场利率对理财产品定价中枢的影响程度最大；商业银行理财产品溢价与市场溢价相关性不明显，但是2016年以来具有一定正相关性。

五是基于收益率曲线的构建。罗荣华、林华珍、翟立宏（2013）根据商业银行理财产品规模、风险等级、起始认购规模等特征，使用带随机效应的半参数模型对不同风险等级的理财产品收益率进行了研究，进而估计出对应的收益率曲线，并认为不同风险等级的理财产品收益率曲线并不相同，银行可能存在利用短期理财产品进行变相高息揽存的行为。吴国培、王德惠、付志祥、梁垂芳（2015）运用三次平滑样条插值法构建了商业银行理财产品收益率曲线，并研究认为理财产品收益率的期限结构已经较为完整，理财产品收益率曲线与宏观经济变量之间存在较为显著的关联关系，收益率曲线斜率包含了一定的经济预测功能。

另外，对于部分真正的结构化理财产品，我国学者也有相关的研究，此类文章往往偏向于金融工程领域。如康朝锋、郑振龙（2005）使用BDT模型（Black-Derman-Toy Model）对外汇结构性存款进行定价，结果表明这些存款的价值都高于存款本金。由于使用的贴现率是美国国债收益率，说明外汇结构性存款是有风险的。而国内存款人在向国有商业银行购买结构性存款时将其当作无风险的，因为有国家信用作为担保。因此，实际上商业银行承担了结构性风险，并最终会将其转嫁到政府身上。杨晨、田益祥（2011）基于Monte Carlo模拟方法对结构性理财产品进行了定价研究，通过模拟多个挂钩资产的价格路径，使用Cholesky分解方法来解决资产相关性问题，并由此总结出多资产联动型结构性理财产品的定价系统。

综上所述，国外学者的期权定价理论是本书所依据的基础理论之一，国内学者的研究具有直接的借鉴意义。比如：银行理财产品预期收益率明显高于存款利率，低于贷款利率；定期利率是理财产品定价的下限，贷款利率是理财产品定价的上限，在上限和下限范围内理财产品收益率随资金供求关系变化而变化；发行理财产品收益率与宏观经济变量之间存在显著的相关性；市场利率与理财产品收益率的相关性研究以及收益率曲线的研究，等等。笔者认为，上述这些研究成果是本书研究的基础。本书的研究结论是上述成果的延伸和发展。

二、商业银行理财业务监管政策变迁文献综述

正如上文所述，过去多年，由于宏观调控、控制风险等原因，监管部门出台了大量政策来规范商业银行理财业务发展，内容囊括商业银行理财业务的各个方面。学者们的研究多集中于重大监管政策出台带来的影响，包括了2008年年底开始到2012年年底之前规范银信合作相关政策的研究，2012年年底开始的放松证券公司资管子公司、基金子公司等加入资管市场的研究，规范非标准化债权投资的影响，2018年资管新规出台带来的政策效应及影响研究。

（一）规范银信合作理财

2008年，国际金融危机后的"四万亿"政策带来了十分宽松的资金面，2010年开始宏观政策开始收紧，央行逐步控制信贷规模。原来以外汇占款为表现形式的基础货币投放从2010年以后开始慢慢减弱，加之利率市场化带来了个人存款加速向理财等转化。商业银行通过表内融资的限制增多，从而导致有更强动机通过理财业务做表外放贷（陈珊，2011），银信合作理财业务快速增长，以信托贷款为主的融资类业务大幅增加，从而造成信贷规模调控的有效性下降，商业银行资产表外化风险不断加大，同时也加大了监管部门的控制难度。从2009年年底开始，监管部门加快了对银信合作理财业务的规范步伐，实质性的政策措施始于2010年，2010年7月初银监会首先电话通知暂停银信合作理财业务，接着在8月10日正式下发《关于规范银信理财合作业务有关事项的通知》（银监发〔2010〕72号，简称"72号文"）对银信合作理财业务的进一步规范。2010年9月7日，银监会颁布《信托公司净资本管理办法》对信托公司资本风险进行控制。72号文对银信合作理财业务中信托产品期限，信托公司融资类业务余额占比，银信合作产品投向、银信合作理财业务表外转表内等方面进行了严格的限制。《信托公司净资本管理办法》则对信托公司提出了严格的资本要求。

张志遥、陈宇峰（2010）、朱小川（2011）、张春华（2011）从不同角度对本次出台的银信合作政策进行了研究，认为银信合作理财业务规避了信贷规模调控政策，降低了宏观调控政策的有效性，在政策规范下，银信合作理财业务空间将会被压缩。段胜辉（2012）运用存款创造和货币供应理论模型证明了银信合作会增加货币供应量，削弱央行的反通胀政策，并在此基础上，利用2008年1月至2011年6月的月度数据证实了银信合作对货币供应的扩张作用。

同时，张春华（2011）在研究中还提出，未来银信合作将向多元化、市

场化、综合化的方向推进，相关领域的创新会通过银行、证券、保险机构相互合作，开发出交叉性金融产品。事实上，本书要做的研究，将找到经验证据，证明在银信合作监管政策出台不久之后，银信合作开始出现进一步的创新模式，从而降低了监管政策实施效果。这一结论，也可以从梁雅敏（2013）对银信合作业务创新模式及风险管理的研究得到一定验证，她研究了信托受益权转让银信合作的两类创新模式，指出银行、企业、信托公司均有动力推动这一业务发展，使得此类创新业务替代信托计划模式，成为主流的银信合作理财业务模式。

（二）券商资管和基金子公司加入

2012 年年底，在"放松管制、加强监管"的政策思路下，证券公司子公司（券商资管）和基金子公司开始加入资管市场并得到迅速发展，资管业务格局得到重塑，两类机构的加入也使得多层嵌套得到进一步发展。余海洋、崔继培（2014）通过对券商资管集合资产管理计划、定向资产管理计划、专项资产管理计划的研究，认为证券公司的定向资产管理计划本质上是银信合作通道业务的变种。它通过压低佣金费用的方式，抢占了原本属于信托的业务。在放松管制背景下，券商资管快速占领银信合作中原本信托公司的角色，迅速发展通道业务，做大了资产管理规模。随着 2012 年年底政策允许基金公司成立子公司，基金子公司迅速成立并立即加入通道业务的争夺战中来，万云、彭宪波（2014）研究认为，基金子公司业务以通道类业务为主，资产规模十分庞大，且业务上以平台类和房地产类项目为主，接手信托的通道业务，扩张模式与信托公司（2009—2012）基本一致。由于通道业务"两头在外"的特点，实际上券商资管和基金子公司对资金端和资产端的控制力非常薄弱，仅作为银行理财通道，技术含量很低，且增加了融资链条。

（三）规范非标准化债权投资

2013 年，商业银行通过通道类业务投向信托贷款、信贷资产、各类收益权或受益权等债权类资产大幅增加，相关业务隐藏的风险以及金融机构之间产品的层层嵌套使得交叉性金融风险迅速积累。在这一背景下，为规范此类资产投资，银监会发布《关于规范商业银行理财业务投资运作有关问题的通知》（银监发〔2013〕8 号，简称"8 号文"），8 号文首次提出"非标准化债权资产"（简称"非标资产"）定义及涵盖范围①，并提出了比例控制的硬性要

---

① 根据《关于规范商业银行理财业务投资运作有关问题的通知》（银监发〔2013〕8 号），非标资产包括但不限于信贷资产、信托贷款、委托债权、承兑汇票、信用证、应收账款、各类收益权、带回购条款的股权性融资等。

求，8 号文要求：非标准化债权资产的余额在任何时点均以理财产品余额的 35% 和商业银行上一年度审计报告披露总资产的 4% 中低者为上限，并提出了拆分"资金池—资产池"的要求，要求每个理财产品与所投资资产形成对应，每个产品都要"单独管理、建账和核算"。

8 号文出台针对的是多层嵌套和"资金池—资产池"模式下，理财产品底层资产投向不清，风险不易掌控，金融机构之间合作易于引发交叉性金融风险等问题，对理财业务进行规范。同时限制过快增长的非标资产投资，控制商业银行理财业务投向高收益资产的风险。从效果来看，8 号文的出台一定程度上抑制了非标资产投资快速增长的风险，同时也限制了商业银行过度追求高收益资产的风险。对商业银行而言，8 号文的出台一方面限制了其资产端的收益率，同时通过"资金池—资产池"模式运作的资管产品，银行需要通过大量的内部关联交易，实现资产的转移与期限错配操作，增加了其操作上的成本和系统要求，因此在银行层面也限制了商业银行理财产品的发展速度①。在 8 号文后，商业银行为满足监管检查要求，对资产池进行了拆分；但由于资产池的拆分不仅涉及前台记账，同时还涉及核心系统建设、关联交易定价、托管账户拆分等多方面的问题，银行大多采取了账面拆分的方法；物理账户依然是原有资产池和资金池的账户，但对该账户进行了进一步拆分，设立了多个虚拟账户；银行通过此途径满足了监管部门对三张报表定期上报的监管要求，但多个产品的损益，依然可以通过关联交易的途径进行内部转移；"8 号文"虽然限制了风险在银行系统中通过理财渠道积累的速度，尽管其拥有透明化和规范化的初衷，但由于收益率模式下理财产品所特有的兑付特征，"8 号文"并没有完全达到监管的目的；理财业务的转型在 8 号文"堵"的基础上，还需要更好的机制设计，以实现"疏"的作用②。

（四）2018 年资管新规相关研究

在 2017 年 11 月征求意见稿的基础上，2018 年 4 月 27 日，监管部门发布《关于规范金融机构资产管理业务的指导意见》（简称"指导意见"），对银行、信托、证券、基金、期货、保险资管机构、金融资产投资公司等金融机构接受投资者委托，对受托的投资者财产进行投资和管理的业务规范。出台的背景在于过往各类资管业务监管的不统一和金融机构产品创新的突破，使得监管

---

① 苏薪茗：《银行理财业务机制研究》，博士学位论文，中国社会科学院研究生院，2014，第 27-28 页。

② 苏薪茗：《银行理财业务机制研究》，博士学位论文，中国社会科学院研究生院，2014，第 28 页。

套利创新活跃，监管政策实际效果不佳，产品多层嵌套，部分产品甚至成为信贷出表的工具。期限错配和资金池模式蕴含流动性风险，刚性兑付普遍，一定程度上干扰了宏观调控，加剧了风险的跨行业、跨市场传递。所以，本次资管新规的核心思想是统一监管标准，从募集方式和投资性质两个维度对资产管理产品进行分类，分别统一投资范围、杠杆约束、信息披露等要求。产品设计需要与投资者匹配，打破刚性兑付，不得承诺保本、保收益。严格非标准化债权类资产投资要求，禁止资金池，防范"影子银行"风险和流动性风险。分类统一负债和分级杠杆要求，消除多层嵌套，抑制通道业务。加强监管协调，防范和化解金融风险。按照指导意见，银保监会于 2018 年 9 月 28 日制定了《商业银行理财业务监督管理办法》，12 月 2 日发布了《商业银行理财子公司管理办法》。

从业务影响角度的出发研究。杨荇、刘新（2018）认为，资管新规在延长过渡期、非标处置、产品计量、产品分级等方面做了相应的修订。从短期看，资管新规实施后对银行理财业务发展将形成一定的挑战；但从长期看，资管新规有利于防风险、降杠杆和优化资源配置，从而将为未来银行理财业务健康发展提供新的机遇。商业银行未来需要在负债端围绕资金流向稳定客户，在资产端严控非标投资和提高标准化债权资产和权益类资产的配置比例，尽快启动资产管理有限责任公司筹备工作。顾建纲（2018）认为，针对刚性兑付、多层嵌套和监管规则不统一等问题，资管新规进行了统一和规范，有利于整个资管行业的健康稳健发展。资管新规出台后，商业银行理财业务面临挑战，一是资管新规禁止刚性兑付、设定公私募产品分类，从根本上打破了现行的理财产品形态、产品体系和客户分类。二是资管新规禁止期限错配，对长期限债权项目和股权资产投资带来严重影响，给商业银行理财产品配置资产带来困难。叶辰（2018）认为，资管新规公布后，银行部分表内理财将退出历史舞台，禁止期限错配将导致资管产品中长期化，短期资管产品面临收益率大概率下降，多层嵌套产品将逐步规范，商业银行理财规模短期可能会面临下降的趋势。

从不同类型银行受资管新规冲击效应角度出发的研究。邵文波（2018）研究认为，在下一阶段商业银行理财业务转型方面，国有大型银行更为有利，资源优势更为明显，从业务合规性看，主要国有大型银行也相对规范，冲击相对较小；股份制银行差异较大，部分前期较为规范的银行，影响类似于国有大型银行，但部分激进的银行，受到的冲击可能较大；受资管新规影响最大的是城商行和农商行，以前这些银行较为激进，业务规范性差，主动管理和投研能力都较弱，资管新规将对其形成较大的冲击。资管新规出台后，商业银行理财业务集中度有可能提高，主要国有大行和股份制银行将成为行业的引领者。

资管新规出台之后商业银行理财业务转型发展研究。盛松成（2018）认为"资管新规"对我国未来金融运行和发展的意义是重大和深远的，它的成功实施，需要资本市场与保险市场各项改革协调配合、与深化我国利率市场化改革齐头并进，具体政策措施的制定和落地，也要努力实现金融防风险与服务实体经济的有机统一和动态平衡；同时金融机构业务转型和提高主动管理能力，将使金融在真正为实体经济服务的过程中实现自身的稳定发展。杨荣、方才（2018）认为，资管新规出台后，商业银行应当充分把握直接融资市场发展的难得机遇，加快在这一市场业务的设计与布局，实现业务结构的转型。在进一步丰富完善资产证券化产品体系的同时，加快债转股推进，扩大有效供给，提高理财业务配置效率。在运营上，要加强主动管理能力的提升，提高资产配置效率。李文红（2018）从监管的角度研究了商业银行理财业务转型发展，他认为未来独立法人子公司将逐步成为商业银行开展理财业务的主要模式，监管部门要通过完善监管规则，促进各类银行差异化发展，形成定位清晰、层次分明、合规审慎的多层次银行机构体系。从中长期来看，要从根本上消除金融机构监管套利的外部因素，还需疏堵结合，进一步推进市场化改革，为资管行业的健康发展创造良好的市场环境。

商业银行理财子公司管理办法的影响研究。任泽平（2018）认为，商业银行以理财子公司开展业务旨在实现与母行的风险隔离。国际上，商业银行以下设子公司开展资管业务是较为通行的做法。相对于理财新规，理财子新规对非标配置、股票投资、销售门槛和私募合作等方面都有进一步的放松。理财子公司成立后，势必对资管行业的格局产生深远影响。在固收类投资方面，银行凭借长期以来的固收投资经验、资源禀赋及政策红利，将与公募基金在债基、货基等产品上形成正面竞争；在非标投资领域，由于理财子公司投资范围拓宽，基本获得与其他资管产品相同的法律地位，通道需求进一步减弱，进一步冲击以通道业务为主的券商资管、基金子公司及信托公司。然而在股票投资领域，理财子公司的冲击存在程度以及时间的问题：首先，银行风险偏好低，擅长投资债权类资产，而股票投资风险系数较高，与银行资产配置经验缺乏匹配度；其次，从目前银行系公募基金公司的发展情况来看，虽然规模较大，然而股票投资比例明显低于行业平均。

综上所述，当前学者所反映出来的观点对资管新规都做出了积极的评价，包括商业银行理财在内的资管行业将迎来规范发展期。但笔者认为，贯彻落实资管新规还有很长的路要走，还会面临各种各样的困难和问题。2018年资管新规是一个全面的、系统性的政策体系，商业银行理财产品设计将面临重构，过去多层嵌套的模式将不复存在，统一监管背景下，试图再次通过监管套利突破政策的模式创新未来将难以实现。但是，在监管趋严新形势下，历史遗留问题如何解决，新的监管要求如何实现，商业银行将面临新的考验。

三、商业银行理财产品模式创新文献综述

为了规避监管政策和获取更高回报，商业银行采取了诸多模式创新，总结来说，主要有以下几个方面：

一是期限错配的"资金池—资产池"模式。早期理财产品主要是一对一的模式，理财产品募集的资金与所投资的资产存在一一对应的关系。在之后的发展中，商业银行为提高资金运用效率和理财产品收益，逐步发展出了"资金池—资产池"模式，理财产品与投资资产不再是一一对应的关系，而是"多对多"的关系，即多个理财产品对应多项资产。商业银行通过动态发售理财产品和动态调整投资资产，实现产品的滚动运作，从而实现理财产品资金端和资产端的动态平衡。"资金池—资产池"模式规避了非标资产等投资的期限问题，这种模式不仅存在合规风险，而且隐藏了巨大的流动性风险，从而成为监管关注的重点。刘晶、刘亚、田园（2013）研究了银行理财产品资金池模式的运作现状和主要风险，分析了业务开展中存在的主要问题，并提出了相应监管政策建议。刘新华、孙欢欢（2015）通过对比研究，认为资金池模式相较于一般的资管产品而言，其期限错配、动态管理、集合运作的操作模式赋予银行资金运作灵活性、获取更高收益的同时，也隐含着较大的风险。

二是参与非标准化债权资产投资。陈琼（2007）、张春华（2011）、梁雅敏（2013）等分别对商业银行理财业务的银信、银证合作模式及创新进行了研究，认为在分业监管及利率市场化背景下，由于业务中各方均有获益，业务得到了迅速发展，但亟待规范化发展。2013年，银监会"8号文"首次定义了非标准化债权资产（简称"非标"），即未在银行间市场及证券交易所市场交易的债权性资产，包括但不限于信贷资产、信托贷款、委托债权、承兑汇票、信用证、应收账款、各类受（收）益权、带回购调控的股权性融资等。张华、孙岩（2014）对商业银行理财业务参与非标准化债权资产的业务模式进行了全面总结，归纳出商业银行资产管理业务与信托公司、证券公司、保险资管公司、交易所等金融机构合作的业务模式，以及银行理财资金投资有限合伙基金的有限合伙份额、投资带回购条款股权业务等模式。

三是参与资本市场投资的模式创新研究。李瑞敏（2015）研究认为，在金融脱媒加剧、居民金融资产配置多元化以及银行综合化经营的大趋势下，资产管理业务创新不断增多，出现了一些与资本市场相关的新投向和新形式，商业银行资产管理业务参与资本市场的主要模式包括投资两融收益权转让模式、投资结构化定增基金模式、投资股权收益权等 PE 类模式、通过伞形信托参与二级市场模式、投资"新三板"基金模式和委托投资模式等。李瑞敏、袁路（2016）围绕上市公司，总结了商业银行理财业务参与上市公司资产的业务模式，对包括质押式回购融资、结构化定增投资、"大股东/董监高"增持、直接股权投资、并购定增融资、可转换私募债、中概股回归、海外资产收购、境外 IPO 和配售配资等业务模式进行了详细探讨。

四是参与政府产业基金等模式创新研究。步艳红、彭琨、苗玉振（2016）研究了银行资产管理业务参与政府产业基金、PPP 投资、平台融资等与地方政府相关资产的业务模式。林青、戚方东（2016）研究了商业银行理财产品参与政府产业基金的一般模式，即商业理财产品通过信托计划/资管计划等认购产业基金优先级有限合伙人（简称"LP"）份额，与普通合伙人（简称"GP"）和劣后级 LP 共同通过基金实现对被投企业的权益性或债权性投资。利息还款来源主要为被投企业分红、支付股东借款利息，或回购主体（一般由劣后级 LP 承担，主要为政府指定的机构、大型国企或行业龙头企业）定期预付合伙份额收购价款等；本金还款来源主要为通过市场化方式退出 LP 份额、财政补贴、土地出让收入、回购主体全部回购 LP 份额。

五是委外投资和分级业务模式创新研究。蒋岩枫（2016）对委外投资模式做了进一步的研究，认为商业银行委外投资规模的激增对市场产生了多方面的影响，表明商业银行在资产管理规模高速增长环境下，由"授信文化"向"投资文化"过渡与转变是提升自身投资管理能力的必经阶段。随着市场环境的变化，委外投资业务出现了多种发展趋势，作为委托人的商业银行须从委托要素设定、管理人选择、激励机制等方面与受托人进行充分沟通，以确保投资策略及目标的顺利实现。蒋岩枫认为委外投资未来会有三种发展趋势，一是配置型委外向交易型委外转变，二是单一类资产委外向混合资产委外转变，三是单一策略委外向多策略委外转变，MOM 和 FOF 模式是重要的趋势之一。杨德行（2016）针对 FOF/MOM 模式做了进一步研究，认为 FOF/MOM 作为创新型业务模式，在高性价比资产相对稀缺的大背景下，为广大机构类投资者构建了新的投资结构，使其得以充分利用市场中的优秀投资能力为自身的资产管理事业添砖加瓦。FOF/MOM 模式可以迅速拓展银行理财的投资范围。对于银行而言，在大类资产配置的过程中，面对过去没有涉足的领域，若自建团队进行管理，势必需要耗费较长时间。但如果通过 FOF/MOM 模式选择外部优秀产品或投资管理机构进行管理，则可以快速切入该领域，从而迅速丰富投资资产和产品类型。由于商业银行目前仍缺乏多类风险资产配置的经验，可以通过 FOF/MOM 委外投资的模式，借助外部管理人更为专业的人员和策略储备进行专业化的风险资产投资，以相对低的成本有效拓展投资范围，从而满足自身业务发展的需要和客户的实际投资需求。

六是参与其他领域投资的研究。高晓婧（2016）研究了理财业务参与房地产市场的两大类主要模式，即以债权为主的传统模式和股权型融资参与模式。杨德行（2015）对比了中美商业银行金融衍生品业务，认为中国金融衍生品有望重现 20 世纪八九十年代的飞速发展。商业银行结构性理财产品将会成为衍生品市场的重要参与者。他认为，虽然与衍生品挂钩的银行结构性理财产品呈现稳步增长，但与固定或预期收益类产品相比，其体量还很小。结构性产品的强项是通过合理的产品设计，运用金融衍生品，在本金风险可控的前提下获得超额回报，在未来刚性兑付被打破后，将会迎来较好的发展机遇。此外，还有一些银行理财业务参与资产证券化、不良资产等投资方向的研究，业务模式总体上已体现在上述几类模式中，不再做进一步的介绍。

综上所述，学者们研究了商业银行过往运用的各种理财产品或业务模式，都有自己的独到见解。但是笔者认为，在资管新规全面贯彻的新形势下，有些模式必须废止，比如"资金池—资产池"模式；有的模式需受到一定程度限制，比如投资非标资产模式、参与政府产业基金等模式、参与房地产投资模式等；有些需要谨慎从事，提高投资水平，比如投入资本市场和委外投资两种模式。对废止的模式要研究废止的成本；对受到一定程度限制的模式要做进一步的定性定量研究；对可以继续使用的投资模式，要与时俱进研究新的投资策略。

第二节　理论基础

一、资产定价相关理论

从资产配置角度来看，商业银行理财产品是一个资产组合，配置资产涵盖了各类债券、非标准化债权、货币市场工具、权益等各类资产。商业银行理财产品收益率的决定即是商业银行理财产品定价，需要以资产定价理论为基础，但是在过去的发展中商业银行理财产品又形成了一些独特属性，使之与定价理论存在一些区别。资产定价理论起源于 20 世纪 50 年代，之后不断发展①。现代资产定价理论起源于马科维兹（Markowitz，1952）提出的资产组合理论，它探讨的是构建风险资产的最优投资组合，使得收益最大或风险最小。这一理论认为，不同风险资产的收益率波动并不具有完全的一致性（即相关系数不为 1），所以形成的投资组合可以分散一部分风险②。以两个风险资产的投资组合为例，如果投资组合 P 中两个风险资产的权重为（w_1，w_2），那么组合方差为

$$\sigma_p^2 = w_1^2\sigma_1^2 + w_2^2\sigma_2^2 + 2\rho w_1 w_2 \sigma_1 \sigma_2$$

由于风险资产的相关系数不为 1，可以得出：

$$\sigma_p^2 < (w_1\sigma_1 + w_2\sigma_2)^2$$

根据该理论，当投资组合的期望收益率为 $w_1 r_1 + w_2 r_2$ 时，投资者承担的风险要小于 $w_1\sigma_1 + w_2\sigma_2$，即投资组合的波动率小于单个风险资产波动率的加权平均值。马科维兹假设投资者都是风险厌恶者，投资者根据期望收益率和方差来确定最优的投资组合，也被称为"均值—方差"模型。在相同收益率水平下，理性投资者会选择最小风险的投资组合。如果赋予每一个风险资产一个权重，在给定投资组合收益率情况下，总能找到一组使得投资组合方差最小的权重向量 $\vec{w}$，这些方差最小的组合被称为有效边界（Efficient Frontier）。

马科维兹的资产组合理论将投资组合的决定因素简化为两个，即期望收益率和方差。投资组合风险用方差来衡量，由于相关系数不为 1，所以分散投资可以降低风险，即投资组合的风险不只是由单个资产的方差决定，也由它们之间的协方差决定。从而使得众多风险资产选择问题，被简化为一个简单清晰的二次规划问题，即最优规划下均值和方差的分析。该理论给投资者提供了一个资产配置的清晰思路，使得投资者认识到组合投资在分散风险方面的作用。但是，马科维兹的理论相对静态，没有考虑投资时变（Investment Horizon）问题，现实中风险资产的价格、风险、收益率不断发生变化，无异随时对最优组合产生影响③。这也给研究者后来完善资产组合理论和定价理论留下了广阔空间。

---

① 虽然关于资产定价的研究最早追溯可到 18 世纪早期，但现代资产定价理论，准确地说，系统地以数学符号表达金融思想的资产定价研究始于 20 世纪 50 年代。马科维兹（Markowitz，1952）在 "Portfolio Selection" 一文中提出了资产组合思想，作为资产定价最早的基础理论。

② 乔治，彭纳齐：《资产定价理论》，杨墨竹、李凤宇译，东北财经大学出版社，2009，第 51 页。

③ 马成虎：《高级资产定价理论》，中国人民大学出版社，2010，第 34 页。

在马科维兹资产组合理论基础上，托宾（Tobin，1958）等人做了进一步完善，将无风险资产纳入理论框架，提出了著名的"两基金分离定理"[①]。该定理引入无风险资产，无风险资产收益率既定，不受其他因素影响，所以其收益率始终恒定，方差为零。在 R-σ 空间中，无风险资产落在纵坐标轴上，并不处于马科维兹提出的资产组合理论中的机会集之内。所以，资产组合理论进一步演变为无风险资产和风险资产的组合问题。两基金分离定理的现实意义在于，只要有两个共同基金，投资者就可以根据其风险偏好找到最优的投资组合。因为，在市场上，最优的投资组合在期望收益和方差方面是一致的，这个组合也被称为市场投资组合。夏普（Sharpe，1964）以此为基础，做了进一步的探索，研究了风险的定价问题，被称为夏普比率[②]：

$$SharpeRatio = \frac{R - r_f}{\sigma}$$

对商业银行理财产品的启示是，在理财产品的资产端，组合投资可以分散掉一部分非系统性风险，从而使得实际承担的风险降低。实际中，商业银行正式通过资产池或组合投资模式进行管理，找到最优的投资组合，同时商业银行也会区分无风险资产和风险资产进行资产的优化配置，从而满足风险偏好不同客户的需求。所以，商业银行理财产品进行资产配置的基础正是资产组合理论，由此确定的收益率便是理财产品定价的重要基础。

在上述理论基础上，夏普（Sharpe，1964）、林特纳（Lintner，1965）和莫辛（Mossin，1966）等人得出资本资产定价模型（CAPM），该模型表明，在均衡状态下，增加一个单位的风险所得到的补偿是相同的，资产的收益率主要取决于系统性风险：

$$Er = r_f + \beta(r_m - r_f)$$

按照该模型，系统性风险与预期收益率线性相关，风险资产可以根据系统性风险情况进行定价。与之前依据波动性的定价不同，资本资产定价模型依据系统性风险进行定价，当投资者面临组合定价的时候，如果投资组合属于高度分散化的组合，那么定价并不需要考虑单个资产的风险情况，只需要考虑系统性风险就可以了。理论的进步使得产品研发思路变得更为简单，产品设计者可

---

① 两基金分析定理的主要思想：在所有风险资产组合的有效边界上，任意两个分离的点都代表两个分离的有效投资组合，而有效组合边界上任意其他的点所代表的有效投资组合，都可以由这两个分离的点所代表的有效投资组合的线性组合生成。

② 乔治. 彭纳齐：《资产定价理论》，杨墨竹、李凤宇译，东北财经大学出版社，2009，第67页。

以通过构建出不同系统性风险水平的产品，来满足不同客户的收益率要求和风险偏好。所以这一理论可以作为商业银行理财产品收益率确定或定价的支撑。

在此之后，经济学家大致从三个方面对资本资产定价模型进行了改进：一是将单因素资本资产定价模型（CAPM）拓展为多因素模型，罗斯（Ross，1976）创立了套利定价理论（Arbitrage Pricing Theory），使用多因子模型来解释风险资产的收益率，并根据市场有效性下的无套利假设，得到风险资产收益率与一组因子之间的线性关系，从而得到广义的资本资产定价模型。法玛和弗伦奇（Fama and French，1992）在 CAPM 模型加入了两个因子，建立了著名的 Fama-French 三因子模型，三个因子分别为市场资产组合（Rm-Rf）、市值因子（SMB）、账面市值比因子（HML）。卡哈特（Carhart，1997）在三因子模型基础上又增加了动量因子（MOM），得到了适用性更高的四因子模型，四个因子分别为市场资产组合因子、市值因子、账面市值比因子和动量因子。二是卢卡斯（Lucas，1978）和布里登（Breeden，1979）基于消费的 CCAPM 模型。模型允许消费者平滑不同时期的消费，售卖金融资产提供经济萧条时期的消费资金，经济繁荣时期进行储蓄或购买金融资产，将宏观经济变量纳入资产回报率的考察中来。三是加入行为金融理论的资产定价问题研究。谢弗里和斯特曼（Shefri and Statman，1994）基于噪声交易理论提出行为资产定价模型（BAPM），奠定了行为资产定价模型的基础。该模型认为金融资产定价由噪声交易者和信息交易者共同决定，BAPM 模型并不是否定 CAPM 模型，而是作为一种补充存在，即当市场信息交易者占主导时，可以使用 CAPM 模型，如果市场存在大量的噪声交易者，那么 BAPM 更具解释力[①]。

上述理论为商业银行理财产品定价提供了丰富的思路。从配置角度，作为一个资产组合，我国商业银行理财产品在资产配置方面体现了一定的风险与收益相对应的关系。一般情况下，保本产品的收益率低于非保本产品的收益率，涉及权益投资的理财产品收益率低于仅投资于标准化债券的理财产品。但是，商业银行理财产品长期以来形成刚性兑付特征，其定价行为无论是否正确，最终风险均将由商业银行承担，所以存在风险和收益分离的特征。但是，"刚性兑付并非使得风险收益相匹配的原则失灵了，而只是转移了风险收益的主体，金融机构通过向投资者支付预期固定收益而取得了浮动收益权，由此金融机构成为资产管理业务真正的风险受益主体，既承担高风险，也由此而获取高收

---

① 马成虎：《高级资产定价理论》，中国人民大学出版社，2010，第36-64页。

益"①。实际操作中，商业银行并不以理财产品投资的金融资产在理财产品到期日的市值来确定收益率，而是假设理财产品可以持有该金融资产到期，再按照其投资的金融资产的折溢摊收益率来确定理财产品的收益率，即商业银行理财产品的收益率要小于或者等于长期投资的金融资产的折溢摊收益率（周卫华，2015）。为应对市场竞争，商业银行存在提高理财产品收益率接近投资金融资产实际收益率的水平，所以实际的资产定价仍是决定商业银行理财产品收益率的关键，市场利率变化仍是商业银行理财产品收益率变化的主导因素。上述资产定价理论，特别是资产组合定价理论，可以作为商业银行理财产品收益率影响因素分析的出发点，目前商业银行理财产品收益率的相关研究，理论基础仍是资产定价相关理论。

流动性和资产定价。流动性②在不同的研究领域有不同的定义，在宏观经济学中，流动性通常是指货币资金的充裕程度，布伦纳梅尔和佩德森（Brunnermier and Pederson，2009）将它定义为短期融资的难易程度。另外对于资产变现的难易程度被定义为交易流动性，国内学者也有类似的定义，张玉龙和李怡宗（2013）认为，从交易角度看，流动性通过交易成本、交易速度和价格冲击影响着金融市场运行，反映的是资产在金融市场变现的难易程度。从货币环境角度看，流动性是指整个市场的资金充裕程度。在本书中，我们将后者称为金融体系流动性，即反映的是金融市场的短期资金充裕状况。黄伟斌（2014）运用 Shibor 反映货币政策或金融体系流动性的宽松程度，结果显示货币环境即市场资金的充裕程度能够明显地影响资产价格。在另外很多研究中，有使用 M2 增速来反映金融体系流动性的，但本书认为，M2 增速高低仅能反映总货币供给量变化，是一个更长期限的概念，不能够反映市场短期资金面的变化，例如 2013 年"钱荒"时 M2 增速仍在 14% 以上，但是隔夜拆借利率一度超过 10%，金融体系流动性接近枯竭，导致商业银行理财产品收益率大幅上行，而 2018 年 10 月 M2 增速降至 8%，金融体系流动性却十分充裕，隔夜拆借利率在 2%~2.5% 的水平。

---

① 王蓉、贾佳：《资产管理业务刚性兑付的本质及破解对策》，《南方金融》2018 年第 5 期，第 10-15 页。

② 经济金融领域的流动性概念在不同环境下表达的含义有较大差别，归纳起来主要有四种：一是实体经济流动性，表示非金融企业或经济主体资金状况和通过外部融资的难易程度；二是资产交易的难易程度，表示某一类资产的流动性，如股票、债券等二级市场交易；三是央行释放或回收流动性，主要是指央行通过公开市场操作或准备金等货币政策工具，向市场释放或回收资金的总量；四是金融体系流动性，主要是金融机构之间短期拆借或融资的难易程度。四种流动性之间相互影响，存在一定的传导关系。在本书中，主要是指第四种。

政策冲击和资产定价。国外学者关于政策冲击对资产价格的影响已经有一些研究，布劳格德和德特泽尔（Brogarrd and Detzel，2013）将政策冲击的实证研究方法分为两类。第一类是依据时间序列观察政策冲击自发生起至完成，资产价格发生的一系列变化；第二类是将政治选举作为政策变化或冲击的研究对象，从而研究经济政策的不确定性对资产价格带来的影响。帕斯特尔和维隆内西（Pastor and Veronesi，2013）将政策不确定性指数和经济状态变量联系起来，发现政策冲击能够影响资产的风险溢价。由于我国商业银行理财产品相关数据获取难度较大，所以政策冲击的实证研究并不多，但朱滔和吴刘亮（2013）的研究可以带来一些启示，他们以 2011—2012 年商业银行发行并到期的人民币银行理财产品为样本，通过理论分析和实证研究，得出监管政策对商业银行理财产品收益率的影响，以及对不同运作方式的理财产品收益率影响的差异。

二、利率期限结构相关理论

利率期限结构（Term Structure of Interest Rates）是指在某一时点，不同期限金融产品的收益率和到期期限之间的关系。传统的利率期限结构理论主要从定性角度出发，研究收益率曲线的形成机制、形态和其所表达的含义。传统的期限结构理论主要有三类，即预期理论、市场分割理论和流动性偏好理论。费舍尔（Fisher，1896）最早提出预期理论，并有希克斯（Hicks，1946）和路特斯（Lutsz，1940）等发展完善，此后马尔科尔（Malkiel，1966）、梅舍尔曼（Meiselman，1962）和罗尔（Roll，1970、1971）进一步发展了这一理论。预期理论认为，可观察的远期利率是市场对未来不可观察的短期利率的预期，这样就建立了利率变动和投资者预期直接的关系，预期变化会改变收益率曲线的形状[①]。一些实证研究提供了经验证据。法玛（Fama，1984）发现期限利差对未来短期利率变化存在一定的预测功能；曼昆和麦伦（Mankiw and Miron，1986）通过研究美国 1890—1979 年贷款利率和国库券利率，发现在一定期限内预期理论能够较好地解释收益率曲线的变化。哈德维里斯（Hardouvelis，1988）利用美国国库券历史收益率数据进行测算，发现远期利率中含有即期利率的很多信息。

预期理论完备而确定的市场，自由流动的资金和一致性预期的假设与现实

---

① 吴泽福：《利率期限结构波动理论与实证模型》，经济科学出版社，2015，第 18 页。

条件相去甚远，同时也忽视了流动性溢价等风险因素的影响①。库尔伯特森（Culbertson，1957）最早提出市场分割理论，该理论认为，预期理论苛刻的假设条件在现实中几乎难以成立，不同期限之间的债券并不能完全替代，出于政府规章制度、参与者风险偏好以及行为金融理论中某些特定的因素，借款人和贷款人会把他们的交易局限于特定的期限区间，所以市场分割理论认为预期理论有效性在现实中效果不佳。克德维尔和库克（Kidwell and Koch，1983）对美国国债和美国各州的市政债券进行了对比研究，发现市政债券的短期和长期品种之间很难相互替代，存在短期收益率难以影响长期的情况，长期品种隐含了短期品种不能反映的一些信息。

流动性偏好最早由凯恩斯提出，逐步由希克斯（Hicks，1946）、科瑟尔（Kessil，1965）、霍根（Haugen，1996）、考夫曼（Kaufman，1999）等一系列学者发展和完善。该理论认为，鉴于市场风险的存在，长期证券面临的风险时限更长，资产变现难度更大。所以，如果不通过收益率的方式对投资者进行补偿，投资者没有理由不偏好短期证券投资。这就意味着某一证券的预期收益率能够影响其他到期期限品种，但是相互之间并非完全的替代品。该理论的局限性在于准确的流动性溢价难以获得，而这一溢价也并非保持不变②。

不同于传统的利率期限结构理论的定性分析，现代的利率期限结构理论更多从金融理论和数学模型角度来刻画利率期限结构，以及动态变化特征，从而为金融产品定价提供基准，为金融机构风险管理提供参照。由于商业银行理财产品没有成熟的二级市场，所以商业银行理财产品期限结构分布的研究并不多。但部分学者基于大量发行数据，进行了具有建设意义的研究。吴国培等（2015）认为商业银行理财产品具有较为合理的收益率曲线形态，基本能够有效反映期限和风险水平带来的收益率差异。高勇、王东（2015）的研究显示，银行存款利率是商业银行理财产品的重要约束，但是商业银行理财产品收益率已普遍高于人民币存款利率的上限，短期理财产品收益率易于受到经营策略，如季末业绩考核、流动性紧张等因素影响，出现较大的波动和非理性定价，长期限理财产品则相对稳定，短期因素带来的影响较小。

三、金融创新相关理论

金融创新的动因是复杂性，金融创新的理论种类很多，不同学者先后从技

---

① 李宏瑾：《市场预期、利率期限结构与间接货币政策转型》，经济管理出版社，2013，第18-24页。

② 吴泽福：《利率期限结构波动理论与实证模型》，经济科学出版社，2015，第19页。

术变革、货币信用、财富增长、金融中介、金融制度、规避监管、交易成本等方面做了丰富的研究，而实际的金融创新又往往是多个方面的混合。从我国商业银行理财产品创新变化历程看，金融中介和监管政策起到了主导作用，金融中介理论和规避监管理论更符合这一演变趋势。

金融中介理论。该理论认为，金融中介能够在一定程度上解决投融资双方信息不对称带来的问题，从而减少学习成本、交易成本、机会成本等，并从金融产品供求视角来分析金融创新的动因[①]。金融中介拥有提供金融产品的技术，当旧的融资技术不能够满足经济增长需要，在利润激励下，就会有新的融资技术出现。金融中介作为金融产品的提供者，是金融创新的主体，起着不可替代的作用，即使是金融脱媒背景下，金融中介仍是金融产品或服务的提供者。

规避监管理论。该理论认为，市场力量和监管力量博弈是金融创新的原因之一，由于监管政策存在滞后性，金融机构存在规避监管而创新获利的动力，规避监管和金融创新处于一种动态博弈的过程。监管政策会限制金融机构获利机会，也会限制融资主体获得资金的通道，金融机构为满足客户需求，通过规避政策而创造出新的产品，而当这些金融创新危机货币政策和金融稳定目标博弈时，监管部门会进一步加强管制，博弈中静态均衡基本是不存在的。同时，宏观因素也会影响监管强度的变化，当经济趋弱，监管部门一般会放松监管，鼓励金融机构开展创新，而当金融风险积聚，金融创新就会受到监管部门的严格约束。

四、金融抑制相关理论

麦金农（Mckinnon，1973）的《经济发展中的货币与资本》和肖（Shaw，1973）的《经济发展中的金融深化》是金融抑制理论和金融深化理论的奠基之作。麦金农认为[②]，在发展中国家，经济主体由于各种原因面临的机会存在差异，资金状况和能够获取的收益率不尽相同，其中个别政府支持或在某项资源上处于垄断地位的企业，这些企业能够获取更为便利的融资支持和更低的利率。其他大量处于非垄断地位的中小企业、创业主体很难获取正规渠道的融资，不得不借助于一些不太正规或监管限制的渠道获取资金。他还认为，高利率对经济增长存在抑制效应，而政府易于受凯恩斯主义的影响，将利率控制在较低水平以促进

---

① 王广谦：《金融中介学》，高等教育出版社，2016，第13页。
② 麦金农：《经济发展中的货币与资本》，卢骢译，上海人民出版社，1997，第47–65页。

提高经济增长，这里就出现了利率的管制。但是管制会带来一些新的问题，一方面会导致储蓄意愿不足，以及财富转移带来的资产价格上涨，另一方面则是低效率的融资，政府支持或处于资源垄断地位的企业，这些企业获取了更大的融资支持，使得低收益投资增加，降低了资金使用效率。肖认为，金融发展和经济发展必须相适应，金融发展不充足会抑制经济发展，而金融深化对经济发展则有促进作用，放松利率的管制应作为金融深化的先决条件，打破分割和垄断，形成竞争充分、高效统一的金融市场，并在外汇、外贸和相关财政金融领域进行改革①。

"影子银行"就是在我国长期的金融抑制下产生发展的，通常指商业银行资产负债表之外的融资活动，商业银行理财产品就属于此类。我国"影子银行"面临的金融抑制环境是利率管制和信贷管制，并伴随着利率市场化而发展。存款利率的管制限制了储户的资金回报率，所以伴随着理财产品的发展，大量存款逐步向理财产品转移，而信贷政策的限制使得经济主体信贷融资渠道受限，从而产生了大量表外融资需求。总的来说，在金融抑制背景下得不到满足的融资需求，加上商业银行理财产品率先实现利率市场化背景下，银行储户追逐更高收益，使得银行存在金融创新和规避监管的动力，以满足资金来源和运用两端的需求。

五、金融监管相关理论

巴塞尔 I 和巴塞尔 II 构建了全球传统金融监管理论的框架。该理论曾经在实现发达国家的金融稳定中发挥过重要作用。但是，由美国次贷危机引发的世界性金融海啸暴露了这一传统金融监管理论和监管框架设计上的不足：在监管理论上，主要关注了单个金融机构的风险管理与安全，而忽视了系统性金融风险；在监管框架设计上，主要关注微观审慎监管，而忽视了与宏观审慎监管的有机结合。为构建更富有弹性的银行体系，二十国集团和巴塞尔委员会促成了《巴塞尔协议 III》在 2010 年底的诞生。巴塞尔 III 构建了新的全球监管框架，在监管理论上，关注金融机构的个体风险的同时也强调关注系统性风险；在监管框架设计上，将微观审慎与宏观审慎紧密结合起来。与巴塞尔 II 相比，在资本监管要求上有了更高的标准：巴塞尔 III 的普通股最低要求、一级资本最低要求、总资本最低要求提高至 4.5%、6%、8%，如考虑到资本留存缓冲 2.5%的要求，则分别为 7%、8.5%、10.5%②。这一资本监管的新要求，为防范银行个体风险和系统性风险及商业银行全面的资产管理，奠定了理论基础和基本监

---

① 肖：《经济发展中的金融深化》，邵伏平、许小明、宋宪平译，格致出版社，2015，第16-34页。

② 资料来源：BCBSf2010a.

管框架基础。

2016 年国务院发布《互联网金融风险专项整治工作实施方案》后，"穿透式"监管理念被正式引入我国金融监管的理论与实践当中。从对"穿透式"监管的本质认识来看，国外学者要比国内学者认识得更早。DavidT.，IJlewellvn（2004）指出，由于不同监管机构的监管认知、监管经验和监管水准存在差异，容易影响到分业监管体制下的金融监管效率。Brunnermeier（2009）曾经指出，当时金融资产的主要扩张来自资产管理业务和其他表外业务，但随着表外业务外延的扩大，监管方式也必然向宏观审慎监管转变。2016 年以后，随着金融市场环境的变化，国内学者对"穿透式"监管的认识发生了根本转变。蔡恩泽（2017）指出，从消费者权益角度来看，"穿透式"监管通过打破刚性兑付，提升投资者的判断能力，有助于保护投资者的权益。苟文均（2017）认为，功能监管与行为监管是"穿透式"监管的手段，功能监管的目的是消除监管套利，按照金融业务的功能和产品的性质对不同机构的相似业务进行规则统一监管；行为监管则是防范系统性风险，消除不同监管体制下不同金融机构间不正当竞争的空间。胡宇新、吴晓灵（2017）认为，穿透就是要从投资者到资金使用者纵向全面穿透：一方面，资产端穿透至最底层，鉴别底层资产是否符合国家监管规定，是否对流动性和信用风险进行审慎评估，摸清资金流向；另一方面，资金端投资者的质量和数量是否符合监管要求，防止风险转移和期限错配，防范私募产品公众化。

上述金融监管的相关理论，是金融监管政策变迁的理论基础，各项监管政策的变迁过程是这一理论的发展和演变过程。监管理论来自实践，服务于实践，并随着经济金融形势的发展而发展。因此，本书要依据相关金融监管理论分析当前的监管背景，并在这一背景下认真探讨商业银行理财产品收益率的影响因素，分析监管政策变迁背景下理财产品模式创新与博弈过程，及这一博弈过程对理财产品收益率的影响。

第三节　本章小结

资产定价理论为商业银行理财产品资产定价提供了基础逻辑，但是由于商业银行理财产品具有刚性兑付特征，使得其存在风险和收益分离的特征。相关研究发现，刚性兑付并非使得风险收益相匹配的原则失灵了，而只是转移了风险收益的主体，商业银行通过向投资者支付预期固定收益而取得了浮动收益权，由此成为理财产品真正的风险受益主体（王蓉、贾佳，2018）。实际操作中，商业银行按照其投资的金融资产的折溢摊收益率来确定理财产品的收益率，而为应对市场竞争，商业银行存在提高理财产品收益率接近投资金融资产实际收益率的水平，所以实际的资产定价仍是决定商业银行理财产品收益率的关键，所以资产定价理论，特别是资产组合定价理论，可以作为商业银行理财产品收益率影响因素分析的出发点。

商业银行理财产品收益率影响因素的研究有很多角度，结合资产定价相关理论以及理财产品模式创新的相关文献，本书将考察监管政策变迁背景下产品期限、市场利率、金融体系流动性以及产品模式创新对理财产品收益率带来的影响。其中，虽然商业银行通过各类的模式创新参与了包括非标准化债权资产、产业基金、非上市股权、资本市场等领域的投资，但是从可操作性和模型设定方面考虑，这些都将融入模式创新因素进行考察。以此为基础，我们将在接下来的章节借助影响因素和监管政策变迁考察相关的政策效应。

第三章 资管行业发展状况、商业银行理财业务发展和监管政策变迁

我国资管行业形成之初以公募基金为主导，但随着宏观环境变化，以及金融体系改革朝着市场化方向迈进，市场格局随之发生改变。尤其是扩内需产生的大量融资需求，叠加利率市场化和金融脱媒，使得资管业务融资功能凸显。商业银行也希望大力发展理财业务以改变过度依赖表内存贷利差的局面，凭借明显的渠道优势和刚性兑付下客户信心的积累，逐步成为资金的主要提供者（另外一个主要提供者是保险公司），从而走向资管行业的核心位置。而信托公司、券商资管和基金子公司等更多扮演着金融产品创设者或通道的角色。

第一节 资管行业发展概况

我国资产管理行业的形成和发展是国家金融体系朝着市场化方向改革和转型的结果。从行业特征变化来看，大致可以分为四个阶段：一是 2008 年之前公募基金主导阶段，二是 2008—2012 年银信合作推动资管行业发展阶段，三是 2012—2017 年券商、基金等资管通道放开后"大资管"和多层嵌套兴起阶段，四是 2018 年资管新规后的转型发展阶段。但这种变化并非按照既定蓝图按部就班地演进而成，而是随着宏观环境变化和监管政策调整，市场自发演变的过程。

一、2008 年之前：公募基金主导资管行业

2007 年之前，我国资管行业以公募基金为主导，资管行业的本质仍为"受人之托，代人理财"，产品结构以股票型基金与偏股混合型基金为主。2007 年年末我国股票型基金与偏股混合型基金规模之和约为 2.59 万亿，占基

金行业总体规模比为 79.29%①。此时资管行业受权益市场影响非常大，尤其是 2006—2007 年 A 股牛市，公募基金规模大幅增加，2007 年规模最高时超过 3.2 万亿元，公募基金持有流通股市值比例接近 30%，2008 年之后随着国际金融危机愈演愈烈，A 股市值大幅下跌，公募基金净值缩减至 1.9 万亿左右②。

基础资产方面。这一时期以标准化的权益和债券为主。股票市场方面，股权分置改革完成，完善资本市场资源配置职能，"财富效应"吸引较多普通投资者关注。债券市场方面，利率债为主要品种，信用债占比较小，由于公募基金以股票和偏股型基金为主，所以债券市场不如股票市场联系紧密。

利率市场化方面。利率市场化改革稳步推进，对机构间利率和外币存贷款利率率先放开和浮动；本币存贷款利率方面则率先放开贷款利率上限，并未放开居民存款利率浮动。

宏观经济方面。该阶段中国经济和投资增速保持在较高水平之上，2005 年汇改之后人民币大幅升值，提升了人民币资产的吸引力。

二、2008—2012 年：银信合作推动资管行业发展

2008 年下半年，国际金融危机全面爆发，对我国的影响开始显现，下半年我国经济增速快速回落，出口增速急剧下滑并出现持续负增长，面临"硬着陆"风险。为应对这次危机，我国政府于 2008 年年底推出了"进一步扩大内需、促进经济平稳较快增长的十项措施"。当时测算，这十项措施约需投资四万亿元。这些措施加上随后不断完善而形成的一揽子计划，后被市场称为"四万亿"计划。

"四万亿"计划催生了固定资产投资的大幅提升，房地产和基建成为主要的着力点，与之相伴随的是巨大的融资需求。2008 年股灾结束了公募基金主导资管行业的格局，各资管子行业伴随着新的宏观形势逐渐兴起并发展。特别是在 2010 年年初央行采取"差别准备金率"和"合意贷款"的宏观审慎管理后，此前扩张过快的银行表内业务受到限制，政府融资平台和房地产部分融资需求转向表外，如银行借道信托，运用理财资金进行表外融资，即银信合作模式，表现为银行理财和信托规模同步快速增长。"四万亿"计划也刺激了居民财富增长，保险规模不断扩大；IPO 巨大的财富效应吸引 PE 基金大量进入拟上市公司等。

---

① 巴曙松、杨倞等：《2017 年中国资产管理行业发展报告》，浙江：浙江人民出版社，2018 年，第 12 页。

② 巴曙松等：《2011 年中国资产管理行业发展报告》，北京：中国人民大学出版社，2012 年，第 114 页。

总而言之，扩内需产生的大量表外融资需求是这一时期资管行业快速发展的主要推动力，资管行业在金融行业的重要性不断增加。从功能上看，资管行业融资服务功能体现得更加明显，成为实质上的"影子银行"。同时，这些"影子银行"的业务模式，基本都采取了"资金池"模式并形成刚性兑付，使得大量风险集中于商业银行等金融中介，使金融市场扭曲程度加重，为日后资管行业的规范埋下了伏笔。在此阶段，资管行业突破原有界限向外延伸，从传统意义上的"受人之托，代人理财"向融资功能延伸，实质上具有信贷属性。

　　基础资产方面。信托公司管理资产规模快速增长，银信合作成为这一时期的主流模式，最终资金投向各类融资项目。具有刚兑属性的固收和类固收产品在该阶段发展较快。基金产品中股票及偏股混合型基金净值合计约为1.3万亿元，基金净值为2.87万亿元，占比接近一半，较2017年接近8成大幅下降。如表3-1所示，公募基金净值在整个资管行业已大幅低于信托、银行理财和保险。

表3-1　2009—2017年各资管子行业规模及增速[①]

时间		2009年	2010年	2011年	2012年	2013年	2014年	2015年	2016年	2017年
银行理财	规模/万亿元	1.90	3.20	4.60	7.10	10.26	15.05	23.50	29.05	29.54
	增速/%	—	68.42	43.75	54.35	44.51	46.69	56.15	23.62	1.69
信托规模	规模/万亿元	2.02	3.04	4.81	7.47	10.31	13.04	16.30	20.22	26.25
	增速/%	—	50.50	58.22	55.30	38.02	26.48	25.00	24.05	29.82
券商资管	规模/万亿元	0.15	0.19	0.28	1.89	5.21	7.95	11.89	17.58	16.88
	增速/%	—	26.35	50.80	570.21	175.66	52.59	49.56	47.86	-3.98
公募基金	规模/万亿元	2.67	2.52	2.77	2.87	3.00	4.47	8.40	9.16	11.60
	增速/%	—	-5.62	9.80	3.72	4.53	49.00	87.92	9.05	26.64
基金子公司	规模/万亿元	—	—	—	0.25	0.97	3.74	8.57	10.50	7.31
	增速/%	—	—	—	—	288.00	285.57	129.14	22.52	-30.38
私募基金	规模/万亿元	—	—	—	2.00	2.13	5.21	10.24	11.10	
	增速/%	—	—	—		6.50	144.60	96.55	8.40	

---

　　① 数据来源：银保监会网站、证监会网站、Wind数据库、基金业协会、信托业协会等公开数据。

表3-1（续）

时间		2009 年	2010 年	2011 年	2012 年	2013 年	2014 年	2015 年	2016 年	2017 年
期货资管	规模/万亿元	—	—	—	—	—	—	0.11	0.28	0.25
	增速/%							—	154.55	−10.71
保险规模	规模/万亿元	3.56	4.60	5.55	6.85	7.69	9.33	11.18	13.39	14.92
	增速/%	—	29.21	20.65	23.42	12.26	21.33	19.83	19.77	11.43
总量（不含保险）	规模/万亿元	6.74	8.95	12.46	19.58	31.75	46.38	73.98	97.03	102.93
	增速/%	—	32.78	39.25	57.16	62.16	46.08	59.51	31.16	6.08
总量	规模/万亿元	10.30	13.55	18.01	26.43	39.44	55.71	85.16	110.42	117.85
	增速/%	38.38	31.55	32.94	46.76	49.22	41.25	52.86	29.66	6.73

注：1. 私募基金计算口径是基金业协会披露的认缴规模，包含私募证券投资基金和私募股权投资基金；2. 私募基金2012年和之前年份数据无法获取；3. 基金子公司、期货资管为有统计以来数据。

利率市场化方面。利率市场化改革加速推进，利率浮动由贷款领域推进至存款领域。2012年6月8日和7月6日，央行在下调存贷款基准利率过程中，将金融机构的贷款利率下限调整为基准利率的0.7倍，将存款利率上限调整为基准利率的1.1倍，改变了2004年10月29日以来的存贷款基准利率限制[①]。

宏观经济方面。在国际金融危机之后，曾作为中国经济发展重要支撑的外需大幅减少，"四万亿"计划推动固定资产投资快速增长，房地产和基建成为支撑经济的主要着力点，从而产生了大量的融资需求。

三、2012—2017 年："大资管"和多层嵌套

2012年下半年开始，资管行业进入一轮监管放松周期，牌照资源放开，行业门槛破除，各资管子行业呈现竞合关系。2012年10月，证监会颁布"一法两则"，即《证券公司客户资产管理业务管理办法》《证券公司集合资产管理业务实施细则》《证券公司定向资产管理业务实施细则》。此前证监会9月26日公布《基金管理公司特定客户资产管理业务试点办法》，10月31日正式发布《证券投资基金管理公司子公司管理暂行规定》。自此，证券公司资管部（券商资管）、基金子公司正式加入资管市场。同期保监会也推出新政，保险资金的投资范围打破封闭式的内循环，实现与银行、证券、信托的对接。

---

① 张晓慧：《中国货币政策》，中国金融出版社，2012，第43-56页。

在这些政策影响下，一方面不同资管子行业牌照差异被降低，政策松绑初步打破牌照垄断，"大资管"行业蓬勃发展，不仅参与各类资管业务的机构类型、数量增加，不同类型资管机构之间的合作也更为紧密。另一方面，资管行业迅速发展的同时，分业监管体系同日益紧密的资管行业之间的不协调性日益突出，刚性兑付、资金池、期限错配等业务模式在默许下"带病"快速前行，加速积累了大量金融风险。2015年股市大跌就体现了这种不协调性和风险。

在此阶段商业银行理财凭借明显的渠道优势和刚性兑付下客户信心的积累而迅速发展，资管行业资金来源端对商业银行的依赖程度不断提高，从而使得商业银行逐步走向资管行业的核心位置。

基础资产方面。股票市场经历多年熊市之后，在2014年年底逐步步入牛市周期，新三板的推出进一步丰富了多层次资本市场。债券市场规模不断扩大，保持较快的增长速度。非标资产投资兴起，多层嵌套规避监管政策限制。

利率市场化方面。在这一阶段，利率市场化进程接近完成，央行采取的主要措施如下：2013年7月20日，央行下发《关于进一步推进利率市场化改革的通知》，要求取消金融机构贷款利率0.7倍的下限，取消票据贴现利率管制，取消农村信用社贷款利率2.3倍的上限；2013年10月25日，在央行的指导下，存贷款基础利率集中报价和发布机制正式运行。2014年11月，存款利率浮动区间的上限调整至基准利率的1.2倍。2015年10月，对商业银行与农村合作金融机构等不再设置存款利率浮动上限，标志着利率市场化接近于基本完成①。

宏观经济方面。中国经济增速逐步进入"换挡期"，"转型"和"调结构"成为中国经济在该时期的主线。实体经济回报率下降，与此同时，中国金融体系内资产预期回报率仍处在较高的水平上，扩内需政策使得融资需求仍然十分巨大。金融体系资金空转加剧，金融行业杠杆水平攀升。

从规模和增速来看，自2009年开始至2016年，整个资管行业保持着高速增长态势，8年内资管规模从10.30万亿元扩张至110.42万亿元，其中2012—2015年平均增速达到47.53%。如果不含保险资金运用，资管行业规模扩张速度更快，2012—2015年间平均增速超过50%，达到56.22%。然而，这一趋势进入2017年开始发生变化，随着货币政策边际收紧和强监管、严监管周期到来，资管行业高速扩张时期基本宣告结束。一是货币政策边际收紧。2017年，广义货币（M2）

<hr>

① 徐忠、纪敏、牛慕鸿：《中国货币政策转型：转轨路径与危机反思》，经济管理出版社，2018，第112-125页。

增速下降至 8.1%，历史统计以来首次跌至个位数，较上年下降 3.2 个百分点。二是强监管、严监管周期到来。在国家防控金融风险以及降杠杆、控非标、破刚兑、去通道多重压力下，资管行业通道业务增长受到严格限制。截止到 2017 年年末，我国资管行业管理资产总规模达到 117.85 万亿元，增速降至 6.7%。2009—2017 年资管行业规模及增速见图 3-1。

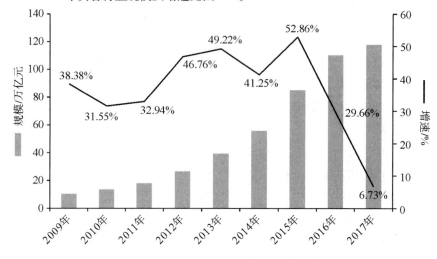

图 3-1　2009—2017 年资管行业规模及增速

四、2018 年之后：发布资管新规和统一监管

资管行业发展至今，已日渐具有"系统重要性"，截止到 2017 年年末接近 120 万亿元的规模，与同期人民币存款 164 万亿元基本处于同一数量级。资管行业已成长为我国金融体系的重要组成部分，改变了金融市场的运行机制，从而影响了中国金融体系的运作模式、风险产生、积累和扩散方式，货币政策及财政政策的传导机制。国际经验上看，实体经济增速下降过程中金融行业可能会持续以超出实体经济的增速增长，这种现象会在经济金融体系中积累较大的风险。而资管行业中不合理的结构则会加剧此类风险。

监管层主动对资管行业中的不协调、不合理之处进行了反思和整顿。2018 年 3 月 28 日，中央全面深化改革委员会第一次会议审议通过了《关于规范金融机构资产管理业务的指导意见》，即"资管新规"。资管新规的核心内容可以概括为四点：一是统一资管行业监管标准；二是打破刚性兑付；三是消除多层嵌套和监管套利，四是规范资金池业务，减少期限错配和降低流动性风险①。

资管行业发展至今，基本成为以融资模式为主导的表外银行，通道业务和监管套利盛行，导致风险淤积于金融体系；商业银行理财、信托计划等产品由于刚性兑付的特征，已实质上具有存款的替代功能，"影子银行"特征显著。资管业务既是市场主动突破金融抑制的尝试，在满足实体经济的投融资需求、丰富金融产品供给、推动利率市场化等方面发挥了积极作用，又反映出我国金融发展面临的诸多困惑。因为伴随着业务发展产生的监管套利、业务运作不够规范、投资者适当性管理不到位、信息披露不充分等问题，道德风险和整个金融体系的脆弱性也加剧了。因此，仅从资管业务层面理解资管新规的重要性远远不够，它实际上是推动我国金融行业转型发展、回归服务实体经济本源的顶层设计②。

五、资管业务中商业银行理财产品的通道

根据《商业银行并表管理与监管指引》对通道业务的定义：商业银行或银行集团内各附属机构作为委托人，以理财、委托贷款等代理资金或者利用自有资金，借助证券公司、信托公司、保险公司等银行集团内部或者外部第三方受托人作为通道，设立一层或层次资产管理计划、信托产品等投资产品，从而为委托人的目标客户进行融资或对其他资产进行投资的交易安排③。从定义来看，通道业务是被动管理的概念，相对于主动管理而言，通道业务的形成往往与监管规则不统一有关，一些机构可以利用手中的牌照资源，帮助委托人规避某些政策限制，其本质是监管套利。

目前主要的通道类型有信托、券商资管、基金子公司专户和公募基金专户。对应的通道模式为银信合作模式、银证合作模式以及银证信合作模式。从规模上看，目前尚没有专门针对通道业务的统计。根据央行 2017 年 7 月 4 日发布的《中国金融稳定报告（2017）》，剔除交叉持有的因素后，截至 2016 年年末，各行业金融机构资产管理业务总规模 60 多万亿元。由此推测，通道规模可能在 40 万亿元左右。2017 年，受降杠杆、严监管等监管政策影响，通道业务受到抑制，以券商资管、基金子公司、公募基金和信托为主的通道规模下降幅度较大，自 2016 年的 26.19 万亿元下降至 15.31 万亿元。如表 3-2 至表 3-6 所示：

---

① 盛松成：《资管新规对未来中国金融发展意义重大》，2018 年 8 月 15 日，中国证券网：http://news.cnstock.com/news，jg-201808-4259359.htm.

② 盛松成：《资管新规对未来中国金融发展意义重大》，2018 年 8 月 15 日，中国证券网。

③ 《商业银行并表管理与监管指引》（2014 年 12 月发布）第八十七条。

表 3-2　基金公司被动管理类（通道类）业务规模及占比①

通道类型	2014 年		2015 年		2016 年		2017 年	
	规模/亿元	占比/%	规模/亿元	占比/%	规模/亿元	占比/%	规模/亿元	占比/%
基金公司（专户）	0.31	25.4	0.71	23.7	1.6	31.3	1.7	34.3

表 3-3　基金子公司被动管理类（通道类）业务规模及占比②

通道类型	2014 年		2015 年		2016 年		2017 年	
	规模/亿元	占比/%	规模/亿元	占比/%	规模/亿元	占比/%	规模/亿元	占比/%
基金子公司	2.23	59.6%	5.37	62.7%	7.47	71.1%	5.49	75.1%

表 3-4　证券公司被动管理类（通道类）业务规模及占比③

通道类型	2014 年		2015 年		2016 年		2017 年	
	规模/亿元	占比/%	规模/亿元	占比/%	规模/亿元	占比/%	规模/亿元	占比/%
证券公司	6.6	83.0%	8.85	74.4%	12.38	71.5%	11.95	70.8%

表 3-5　券商资管被动管理业务（通道类）业务规模及占比④

年份	定向资产管理计划/亿元	被动管理业务/亿元	占比/%
2014	7.25	6.6	91.0
2015	10.16	8.85	87.1
2016	14.69	12.38	84.3
2017	14.39	11.95	83.0

---

① 数据来源：中国证券投资基金业协会每年发布的《证券期货经营机构私募资产管理业务统计年报》。

② 数据来源：中国证券投资基金业协会每年发布的《证券期货经营机构私募资产管理业务统计年报》。

③ 数据来源：中国证券投资基金业协会每年发布的《证券期货经营机构私募资产管理业务统计年报》。

④ 数据来源：中国证券投资基金业协会每年发布的《证券期货经营机构私募资产管理业务统计年报》。

表 3-6　银信合作类信托计划业务规模及占信托资产比重①

通道类型	2014 年		2015 年		2016 年		2017 年	
	规模/亿元	占比/%	规模/亿元	占比/%	规模/亿元	占比/%	规模/亿元	占比/%
银信合作产品	3.09	22.1	4.07	25.0	4.75	23.5	6.17	23.5

　　按不同通道类型来看，信托是最早的通道且在 2012 年之前是唯一的通道。信托通道以单一资金信托为主，其规模在 2010—2012 年间迅速增长，但在 2012 年年底之后，监管部门允许券商资管、基金公司等作为通道，信托的通道规模明显受到分流影响。券商资管的通道业务占比在 2014—2016 年逐步下降，2017 年有小幅回升。基金子公司的专户通道业务占比逐年提升，自 2014 年的 59.6% 上升到 2017 年的 75.1%；公募基金公司的专户通道规模占比要远小于基金子公司，截止到 2017 年年末为 34.3%。

　　根据证券期货经营机构 2017 年资金来源数据，券商定向资管、基金子公司专户和公募基金专户主要资金来源为银行委托，银行委托资金来源分别占三者全部资金来源的 72%、73.2%、51.7%；第二大资金来源为信托公司，占比分别为 6.6%、6%、11.31%。表 3-7 更直观地反映出上述业务的通道性质。

表 3-7　通道业务的资金来源情况②

券商资管			基金子公司专户			基金公司专户		
投资者	规模/万亿元	占比/%	投资者	规模/万亿元	占比/%	投资者	规模/万亿元	占比/%
个人投资者	1.23	7.60				银行	2.51	51.70
银行委托资金	11.59	72	银行	5.25	73.20	信托公司	0.55	11.31
信托公司	1.06	6.6	个人	0.37	5.2	个人	0.14	2.89
保险公司	0.07	0.44	信托公司	0.43	6	保险公司	0.3	6.20
证券公司	0.36	2	基金及基金子公司	0.3	4.20	证券公司	0.35	7.20
基金公司	0.02	0.12	证券公司	0.3	4.20	基金公司	0.02	0.40
基金子公司	0.45	2.80	私募基金管理人	0.1	1.40	基金子公司	0.49	10.10
私募基金管理人	0.18	1.12	保险公司	0.01	0.10	私募基金管理人	0.05	1
其他机构	1.12	6.96	其他机构	0.41	5.70	其他机构	0.45	9.30

　　通道业务的资产配置情况。2017 年，券商资管通道类产品的资金投向中，

　　①　数据来源：信托业协会公开数据。
　　②　数据来源：银保监会网站、证监会网站、Wind 数据库、基金业协会、信托业协会等公开数据。

银行委托贷款和信托贷款占比22%，债权投资占比11%，资产收益权占比7%，股票债券等证券投资占比19%，股票质押融资占比5%，持牌机构资管产品和私募基金占比23%。基金子公司专户的资金投向中，银行委托贷款和信托贷款占比20.40%，以收益权、股权形式存在的债权投资占比16.40%，资产收益权占比3%，持牌机构资管产品占比28.20%，私募基金占比6.80%，股权投资占比4.50%。如表3-8所示。

总体看，通道类业务投向非标准化债权资产的比重很高，进一步嵌套其他持牌机构资管产品的现象普遍。

表3-8　2017年券商资管通道类产品和基金子公司专户资产类别[①]

券商资管通道类产品投向（不含主导管理产品）		基金子公司专户	
资产类别	占比	资产类别	占比
证券投资	19%	股权投资	4.50%
		债权逆回购	0.80%
信贷票据信用证保理	11%	信贷票据信用证保理	0.70%
银行委托贷款、信托贷款	22%	银行委托贷款、信托贷款	20.40%
债权投资	11%	以收益权、股权形式的债权投资	16.40%
资产收益权	7%	资产收益权	3%
		持牌机构资管产品	28.20%
持牌机构资管产品和私募基金	23%	私募基金	6.80%
股票质押融资	5%	股票质押融资	0.60%
同业存款、同业存单、现金	2%	同业存款、同业存单、现金	2.20%
其他	0	其他	2.70%

经过监管政策不断调整和行业竞争合作，资管行业格局已经基本形成。商业银行和保险公司成为行业中主要的机构投资者，基金公司和保险资管（主要为保险公司委托）成为主要资产管理者，而信托公司、券商资管和基金子公司则更多扮演了投资银行，即金融产品创设者角色，将各种资产转化为产品。如表3-9所示：

----

① 数据来源：2018年中国资产管理发展趋势报告。

表 3-9　各类资管机构的市场定位

市场定位	典型机构	业务模式	利润来源
机构投资者	银行理财、保险公司	对外委托投资管理	投资收益与负债成本间的利差
资产管理者	基金公司、保险资管（证券类组合）、券商资管（集合资管）	全权委托、投资基金	管理费及投资收益提成
投行	信托公司、券商资管（定向资管）、基金子公司、保险资管（债权计划）	各类融资性资产管理计划	一次性费用

在具体的合作模式上，银行和保险作为金融市场主要的机构投资者，基于历史业务发展模式更倾向于传统业务，自身专业投研人员和资源配套有待进一步积累和提升，因此目前在金融产品市场主要扮演资产配置者的角色。而资产的具体交易和管理则更多需要依靠外部专业机构的投研能力，即通过外包、委托管理等方式，与券商、基金、信托、保险资管等进行合作。对于信托、券商和基金等其他机构来说，除了争取机构投资者的委托资金之外，基于自身实力和特点依靠自己或银行等第三方争取零售投资者的资金也是重要的业务发展方向。

第二节　商业银行理财业务发展和监管政策变迁

商业银行理财业务属于资管市场的一个重要组成部分，与资管市场的发展息息相关，但其仍有自身独特的发展脉络。过去十多年，我国商业银行理财业务发展的历程既是利率市场化不断推进的一个缩影，也是一个创新和监管不断博弈的过程，而利率市场化和监管政策又服从于国家宏观经济大势。

一、发展历程

从历史发展脉络看，商业银行理财业务伴随着利率市场化的推进，以及与监管政策的博弈。从起源来看，商业银行理财产品起源于外币理财，这与利率市场化的进程一致，2000 年 9 月，人民银行改革外币存款利率管理体制，放开大额外币存款利率管制，从而开启了外币理财产品市场。人民币理财产品最早出现于 2004 年 9 月，光大银行推出"阳光理财 B 计划"。当时，央行票据利率高于 3%，同期一年期存款仅有 2.5% 左右，对于普通居民存在吸引力，但是普通投资者无法直接进入银行间市场，而理财产品投资央行票据、金融债券等，可以获取这些资产的收益率[①]；2005 年 2 月 1 日，建设银行在四大行中首推"利得盈"人民币理财产品[②]。至此，理财产品经过几年的发展，已经具备了基本的雏形。在这一阶段，理财产品作为银行流动性管理的一种手段，募集资金主要投资于国债、政策性金融债、央票等信用等级较高的国家级债券，以缓解流动性过剩给存贷款业务带来的压力[③]。国债、央票、定期存款的利率变化如图 3-2 所示：

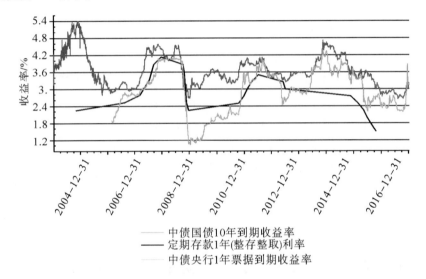

图 3-2　国债利率、央票利率、定期存款利率历史变化

2005 年之后，货币政策转向宽松，央行多次下调存款准备金率，央行票据利率从 2004 年超过 3%，逐步下降至 2% 以下。商业银行理财发展面临挑战，但也存在两种新选择：一是期限错配，但易于产生流动性风险。二是选择新的投资渠道。2004—2005 年，商业银行理财都是通过衍生品交易、资产证券化

---

①　苏薪茗：《转型向未来——中国资产管理行业发展与监管》，中国金融出版社，2018，第 31-32 页。

②　参考《解码银行理财——十年历程. 瓶颈. 转型》。经济观察网：http://www.eeo.com.cn/2014/0804/264478.shtml。

③　巴曙松，杨倞等：《2017 年中国资产管理行业发展报告》，浙江人民出版社，2018，第 23 页。

等进行创新①，这一阶段是银行对理财产品投向的进一步创新摸索；2006 年 3 月，首只银信合作的"非标"诞生。监管套利永远是金融产品创新最大的动力；由于法律主体地位的不明确，成立之初，银行理财无法以自身名义做直接投资，但是一直希望有一个"通道"。"通道"有两种选择。一种模式是委托贷款，但是由于央行规定委托贷款只能一个客户对接一个贷款，而银行理财是向很多投资者募集，于是就选择了另一种模式——银信合作模式②。

2008 年"四万亿"计划之后，资金面进入十分宽松的阶段，直到 2010 年开始有所收紧，2011 年央行开始实施差别准备金和信贷的宏观审慎管理。通过外汇占款投放货币的渠道收窄，另外利率市场化在加快推进，居民理财意识逐步增强，储蓄资金加速向理财产品转移。所以存款增长放缓，加上融资需求巨大，商业银行很难通过表内融资满足客户需求。在这样的背景下，商业银行存在通过银信合作腾挪信贷规模或绕开规模限制存在较强的动力。据统计，2008 年银行理财产品规模同比增长近 50%，其中 50% 以上为银信合作类产品。

虽然银信合作理财产品满足了经济增长的融资需求，发挥了商业银行和信托公司各自的功能优势，为投资者带来较高收益。但是，此类业务的快速增长也带来了众多问题，如降低宏观调控的有效性、增加潜在的金融风险以及部分业务操作存在不合规性等，不利于商业银行理财业务的稳健发展。针对银信合作理财业务中存在的问题，2008 年 12 月 14 日，银监会下发《银行与信托公司业务合作指引》（银监发〔2008〕83 号），对银信理财合作、银信其他合作业务及其中的风险管理与控制应遵循的规定做出明确要求。2009 年 12 月 14 日，银监会发布《关于进一步规范银信合作有关事宜的通知》（银监发〔2009〕111 号），明确规定"信托公司不得将银行理财对接的信托资金用于投资理财资金发行银行自身的信贷资产或票据资产"。2009 年 12 月 23 日，银监会发布《关于规范信贷资产转让及信贷资产类理财业务有关事项的通知》（银监发〔2009〕113 号），明确规定"商业银行在进行信贷资产转让时，转出方自身不得安排任何显性或隐性的回购条件；禁止资产转让双方采取签订回购协议、即期买断加远期回购协议等方式规避监管"。事实上，113 号文是在继 111 号文"封杀"银信合作中的信贷资产转让通道后，亦叫停了银行同业之间的信贷资产转让"双买断"。

---

① 苏薪著：《转型向未来——中国资产管理行业发展与监管》，中国金融出版社，2018，第 34-36 页。

② 柳灯：《银行理财十年发展脉络梳理：从 0 到 12 万亿》，21 世纪经济报道，2014-06-02（010）。转载网址：https://xueqiu.com/9914002072/62072718。

2010 年以来，银信合作理财业务快速增长，以信托贷款为主的融资类业务开始大幅增加，为避免表外贷款对信贷规模调控的"对冲"，以及控制银行资产表外化潜藏的风险，2010 年 8 月 10 日银监会正式下发《关于规范银信理财合作业务有关事项的通知》（银监发〔2010〕72 号），72 号文事实上是 2009 年 111 号文、113 号文的延续，是对银信合作理财业务的进一步规范。9 月 7 日，银监会颁布《信托公司净资本管理办法》对信托公司资本风险进行控制。上述政策对商业银行、信托公司合作理财业务进行了规范，对银信合作理财业务起到了明显的约束作用。这一时期，"资金池—资产池"模式被大量运用。随着发行数量增加和规模不断扩大，理财产品和投资资产一一对应的操作模式逐渐被商业银行放弃，原因是占用大量人力资源、低效率以及难以满足融资客户的需求，商业银行开始向更加集约化的"资金池—资产池"模式转变。另外单只产品投资单一资产还存在集中度问题，也不利于分散风险。从道理上，资金池—资产池模式采取的是动态管理、组合投资，应回归代客理财的本质，并采取净值化方式反映资产价值变动，风险由投资者承担，但实际上，绝大多数商业银行理财产品仍采取预期收益率的产品模式。

2012 年年底，鼓励证券公司、基金公司、保险公司资产管理业务创新的相关政策文件出台之后，资管市场进入新的发展阶段。在监管不统一的背景下，商业银行不再局限于与信托公司合作，证券公司资管部或子公司、基金子公司、保险资管公司都可以成为银行理财产品的通道，从而绕开银信合作的政策限制，出现了银证信、银基、银证保等各类嵌套式的合作模式，非标投资更为繁荣。

为此，2013 年 8 月银监会下发《关于规范商业银行理财业务投资运作有关问题的通知》，即"8 号文"，对商业银行理财投资"非标资产"比例做出了限制，规范"资金池—资产池"模式。实际上，商业银行理财产品的风险并非源于"非标资产"本身，而是在于刚性兑付，商业银行无法将风险传导出银行体系，从而使得大量商业银行本不该承担的风险积聚于银行体系。所以，"资金池—资产池"模式并非商业银行理财业务形成潜在风险的始作俑者，净值化产品转型才是化解潜在金融风险的关键，预期收益率产品和刚性兑付才是监管部门需要解决的问题。一直到 2018 年资管新规出台之前，商业银行理财产品普遍采用"滚动发售、集合运作、期限错配、分离定价"的"资金池—资产池"模式，且投向基本涵盖了所有类型资产。

综上所述，从 2004 年第一个银行理财产品诞生，至今已走过 10 余年，从无到有，发展至 29.54 万亿元（2017 年年末）的规模，表明商业银行理财产品拥有着巨大的生命力。在商业银行寻找新的增长点和谋求"轻型化"转型过程中，大多数银行都将理财业务作为未来重要的发展方向，目前超过百万亿元的市场规模，对商业银行无疑有着巨大的吸引力。从另一个角度看，2018年资管新规将重塑这一市场，各资管子行业、各类资管产品都将面临全新的政策环境，能否在符合监管要求下把握住机遇，将成为商业银行能否保持竞争力的决定因素。

二、快速发展的原因分析

（一）资金脱媒和利率市场化的推动

商业银行理财产品起源于利率市场化改革。利率市场化实际是将金融产品定价的决定权交给金融机构，由其根据自身资金状况、市场同业利率水平和未来预期来决定自身金融产品的收益率，最终形成以中央银行基准利率为基础，由市场供求决定的各类金融产品市场利率体系。在利率市场化进程中，商业银行获得了理财产品自主定价的权利，为理财产品发展和创新提供了客观条件。

商业银行通过理财产品绕过存款利率，直接连接资金供给和资金需求的两端，使得资金供给方可以寻求更高的回报，这种"去中介化"的现象，被称为"资金脱媒"。同时，商业银行出于声誉和维护客户的角度考虑，事实上形成了对理财产品的背书，所以绝大多数理财产品风险极低或没有风险，且预期收益率明显高于存款，使得理财产品成为存款的替代品。另外，利率市场化加速了商业银行理财产品的创新，为吸引和留住客户，需要开发具有竞争力的产品，使得商业银行不断创新，所以利率市场化也为商业银行理财产品的发展提供了原动力。

（二）经济增长和人口老龄化下居民财富保值增值需求增加

改革开放以来，我国经济快速增长，居民财富迅速积累。据波士顿咨询公司测算，2016年中国个人可投资金融资产已经稳居世界第二，达到126万亿人民币，约为当年GDP的1.7倍。《2017福布斯中国中高端富裕人群财富白皮书》显示，中国中高端富裕人群规模保持稳定增长，2016年年底达到1 261万人，从2012年的748万人到2015年的1 116万人，以每年超过百万人的数量递增。相比发达国家，我国居民财富中现金和存款配置占比过高，从而存在向理财产品转移的基础。从人口结构的变化看，全国老龄办2015年发布的《中国人口老龄化发展趋势预测研究报告》认为，中国已于1999年进入老龄社会，而从2001年开始到2020年是快速老龄化阶段，这一阶段中国将平均每年新增596万老年人口，年均增长速度达到3.28%。居民财富增长叠加老龄化加速，使得居民对安全性较高的商业银行理财产品呈现出巨大的需求。2007—2021年我国个人可投资金融资产总量及增长趋势如图3-3所示。

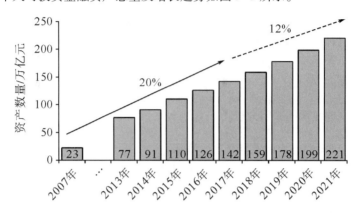

图3-3　我国个人可投资金融资产总量及增长趋势①

（三）监管套利空间的存在

如上所述，由于各资管子行业分属不同的监管主体，所以造成了通道业务的存在，商业银行理财产品在投向上可以通过层层通道，从而实现几乎囊括各种类型资产的投资，最终规避监管实现套利。另外，还可以通过结构化分级规避监管。早期结构化分级主要存在于信托产品中，而随着商业银行理财业务的发展，逐步可以通过信托产品、券商资管、基金子公司等通道采取结构化分级模式，其中商业银行理财产品往往为优先受益人，获取固定收益。总体上，相比于表内的负债，商业银行理财产品还具有以下灵活性或优势：一是理财产品的资金来源不需要交准备金；二是投资资产属于表外资产，不占用风险资本。

从资本角度看，由于我国金融体系长期依赖间接融资，商业银行资产规模需要不断扩大，由此带来了各种问题。一是时刻面对资本补充压力。以上市银行为例，2017年年末，26家上市银行的核心一级资本充足率仅有10.10%，较2016年年末下降0.14个百分点，个别银行核心一级资本充足率甚至不到8%②。二是为应对国际金融危机，我国政府推出了"四万亿"的经济刺激计划，从而造成了商业银行资产负债的迅速扩张，而资产证券化推进缓慢，商业银行资产出表渠道受到严格限制，从而加剧了资本补充压力。三是2011年开始，央行引入了以差别准备金动态调整机制和合意贷款为主体的宏观审慎管理机制，商业银行信贷增

---

①　资料来源：BCG报告《中国十年私人银行之路：全球第二财富管理市场》。说明：个人可投资金融资产包括离岸资产，不包括房地产、奢侈品等非金融资产。

②　夏谦谦：《商业银行资本补充和对策》，《中国金融》2018年第8期，第57-58页。

长受到限制。为满足客户融资需求，商业银行存在强烈的创新套利动机，商业银行表外理财可以为资产出表或直接进行表外融资提供可行的方案。

（四）商业银行保持竞争力的主动选择

由于资本约束不断增强，传统上依赖存贷利差、消耗资本的增长模式受到严峻挑战，如果资本补充有限，表内资产扩张必然受到限制，从而进一步影响利润增长。同时，在传统模式下，商业银行存在金融产品单一、综合服务能力弱和灵活性不足等问题，也越来越难以适应新形势需要。因此，在过去，商业银行普遍将理财业务作为加快转型的一个重要方向。从客户角度来看，商业银行可以为投资客户提供更加多元化的金融产品，为融资客户提供更多融资渠道选择，也提升了商业银行的竞争力。从国际先进同业来看，开展包括资产管理在内的综合化金融服务已经成为商业银行保持核心竞争力的重要内容之一。

三、监管政策变迁和重大政策核心要点

在发展历程中，本书已介绍了商业银行理财业务的简要发展历程，这一部分将聚焦于监管政策变迁以及重大监管政策的核心要点。截至 2018 年年底，涉及商业银行理财业务的监管政策已近 40 个。与资管市场和理财业务发展阶段相对应，在 2018 年资管新规出台之前，商业银行理财业务监管政策变迁可分为三个阶段，一是 2008 年年底之前探索业务规则时期，二是 2008 年年底开始到 2012 年年底之前规范银信合作时期，三是 2012 年年底至 2018 年资管新规之前的抑制非标投资时期。

（一）2008 年年底之前：初步发展阶段的监管政策

研究商业银行理财业务的发展，可以发现，我国是先有理财产品，之后才有了管理办法。2004 年，光大银行首先向银监会申请，在获得允许之后，于2004 年 2 月推出了第一个外币理财产品——"阳光理财 A 计划"，2004 年 7 月又发行了第一个人民币理财产品——"阳光理财 B 计划"，拉开了我国商业银行发展理财业务的序幕。2005 年 2 月 1 日，建设银行在四大行中首推"利得盈"人民币理财产品。2005 年初，银监会向各家商业银行内部非正式地提出了收益率不能盲目攀比、不能搭售存款和需要明确风险提示三方面要求。直到2005 年 9 月 24 日，银监会才出台了《商业银行个人理财业务管理暂行办法》和《商业银行个人理财业务风险管理指引》（如表 3-10 所示），理财业务才"有法可依"。

这一时期，属于商业银行理财业务的初步发展时期，监管政策主要从组织架构、内部控制、业务管理和风险管理等方面提出了基本约束条件，还有一些

针对代客境外理财业务的规范和投资范围约束。随着业务发展，商业银行逐步将理财业务拓展至对公理财，不再局限于个人理财业务，但对公理财的基础性制度一直处于长期缺失状态。在这一时期后段，市场开始出现"滚动发售、集合运作、期限错配、分离定价"的资金池—资产池类理财产品。

表 3-10　探索业务规则时期的重大监管政策及核心要点

时间	政策文件	核心要点
2005 年 9 月 24 日	《商业银行个人理财业务管理暂行办法》（银监会令〔2005〕2 号）	银行理财业务基础性法规之一。对个人理财业务的性质和分类进行界定，并从组织架构、内部控制、业务管理和风险管理等方面提出了基本的约束条件
2005 年 9 月 24 日	《商业银行个人理财业务风险管理指引》（银监发〔2005〕63 号）	银行理财业务基础性法规之一。结合相关规定，进一步阐述了商业银行开展个人理财业务的风险管理要求，详细规定了个人理财顾问服务、综合理财服务、个人理财业务产品三个方面的风险管理内容

（二）2008 年年底至 2012 年年底：以规范银信合作为主的阶段

2008 年"四万亿"计划衍生出巨大的融资需求，叠加管理部门对商业银行信贷增长的管控，特别是在 2010 年央行开始采取"差别准备金率"和"合意贷款"的宏观审慎管理后，商业银行纷纷通过银信合作理财的方式为客户找到新的融资渠道。所以，这一时期的监管政策基本围绕银信合作展开，如表 3-11 所示。

表 3-11　规范银信合作时期的重大监管政策及核心要点

时间	政策文件	核心要点
2008 年 12 月 4 日	《银行与信托公司业务合作指引》（银监发〔2008〕83 号）	对银信理财合作、银信其他合作业务及其中的风险管理与控制应遵循的规定做出明确要求
2009 年 12 月 14 日	《关于进一步规范银信合作有关事项的通知》（银监发〔2009〕111 号）	规定银信合作业务中，信托公司作为受托人，不得将尽职调查职责委托给其他机构。银信合作理财产品不得投资于理财产品发行银行自身的信贷资产或票据资产。银信合作产品投资于权益类金融产品或具备权益类特征的金融

表3-11(续)

时间	政策文件	核心要点
2009 年 12 月 14 日	《关于进一步规范银信合作有关事项的通知》(银监发〔2009〕111 号)	商业银行理财产品的投资者应执行《信托公司集合资金信托计划管理办法》第六条确定的合格投资者标准,即投资者需满足下列条件之一:(一)单笔投资最低金额不少于 100 万亿元人民币的自然人、法人或者依法成立的其他组织;(二)个人或家庭金融资产总计在其认购时超过 100 万亿元人民币,且能提供相关财产证明的自然人;(三)个人收入在最近三年内每年收入超过 20 万亿元人民币或者夫妻双方合计收入在最近三年内每年收入超过 30 万亿元人民币,且能提供相关财产证明的自然人
2009 年 12 月 23 日	《关于规范信贷资产转让及信贷资产类理财业务有关事项的通知》(银监发〔2009〕113 号)	要求银行机构应严格按照企业会计准则的相关规定对理财资金所投资的信贷资产逐项进行认定,将不符合转移标准的信贷资产纳入表内核算,并按照自有贷款的会计核算制度进行管理,按相应的权重计算风险资产,计提必要的风险拨备。信托资产类理财产品应符合整体性原则,投资的信贷资产应包括全部未偿还本金及应收利息
2010 年 8 月 5 日	《关于规范银信理财合作业务有关事项的通知》(银监发〔2010〕72 号)	商业银行和信托公司开展融资类银信理财合作业务应符合以下规定:(一)信托公司开展银信理财合作业务,信托产品期限均不得低于一年;(二)融资类业务余额占比不得高于 30%,已超标的信托公司应立即停止开展该项业务,直至达到规定比例要求;(三)信托公司信托产品均不得设计为开放式;(四)商业银行和信托公司开展投资类银信理财合作业务,其资金原则上不得投资于非上市公司股权;(五)商业银行应严格按照要求将表外资产在今、明两年转入表内,并按照 150% 的拨备覆盖率要求计提拨备,同时大型银行应按照 11.5%、中小银行按照 10% 的资本充足率要求计得资本。 同期出台的信托公司净资本管理办法主要内容:一是信托公司净资本不得低于人民币 2 亿元;二是净资本不得低于各项风险资本之和的 100%;三是净资本不得低于净资产的 40%

（三）2012 年年底至 2018 年资管新规之前

自 2012 年年底证券、基金、保险等资管通道放开，多层嵌套在这一时期发展至鼎盛，商业银行规避银信合作的限制，通过新的通道仍然可以实现非标资产的投资。2012 年 10 月，证监会颁布"一法两则"，即《证券公司客户资产管理业务管理办法》《证券公司集合资产管理业务实施细则》《证券公司定向资产管理业务实施细则》。在此前几天，9 月 26 日，证监会发布第 83 号令，公布了修订通过的《基金管理公司特定客户资产管理业务试点办法》，自 2012 年 11 月 1 日实施，10 月 31 日正式发布《证券投资基金管理公司子公司管理暂行规定》，自 2012 年 11 月 1 日实施。自此，证券公司资管部或子公司（券商资管）、基金子公司正式加入资管市场。同年保险投资新政面世，保险资金的投资范围将打破以往体内循环的封闭现状，实现与银行、证券、信托的对接。

在突破银信合作限制后，商业银行通过理财资金直接或间接投资于"非标准化债权资产"的业务快速增长。在实际操作中，一些银行通过复杂的结构规避信贷规模等监管政策，且大量业务未能有效隔离风险。为此，2013 年 3 月，银监会下发《关于规范商业银行理财业务投资运作有关问题的通知》（银监发〔2013〕8 号），试图约束和规范非标资产投资，防范、化解潜在风险。2013—2016 年的重大监管政策如表 3-12 所示：

表 3-12   抑制非标投资时期的重大监管政策及核心要点

时间	政策文件	核心要点
2013 年 3 月 3 日	《国务院办公厅关于加强影子银行监管有关问题的通知》（国办发〔2013〕107 号文）	各类金融机构将理财业务分开管理，建立单独的理财业务组织体系，归口一个专营部门；建立单独的业务管理体系，实施单独建账管理；建立单独的业务监督体系，强化全业务流程监督。商业银行要按照实质重于形式的原则计提资本和拨备。商业银行代客理财资金要与自有资金分开使用，不得购买本银行贷款，不得开展理财资金池业务，切实做到资金来源与运用一一对应
2013 年 3 月 25 日	《关于规范商业银行理财业务投资运作有关问题的通知》（银监发〔2013〕8 号）	规定银行理财资金投资于非标准化债权资产的余额在任何时点均以理财产品余额的 35% 与商业银行上一年度审计报告披露总资产的 4% 之间孰低者为上限

表3-12(续)

时间	政策文件	核心要点
2016年7月26日	《商业银行理财业务监督管理办法》(2016年征求意见稿)	对银行理财业务分类管理,分为基础类理财业务和综合类理财业务;禁止发行分级产品;银行理财业务进行限制性投资,不得直接或间接投资于本行信贷资产及其受(收)益权,不得直接或间接投资于本行发行的理财产品,不得直接或间接投资于除货币市场基金和债券型基金之外的证券投资基金,不得直接或间接投资于境内上市公司公开或非公开发行或交易的股票及其受(收)益权等
2016年10月	《中国人民银行关于将表外理财业务纳入"广义信贷"测算的通知》	将差别准备金动态调整机制升级为宏观审慎评估体系(MPA)。要求从2017年一季度开始,对广义信贷的统计范围,在原有各项贷款、债券投资、股权及其他投资、买入返售资产、存放非存款类金融机构款项五个项目的基础上,增加表外理财资金运用项目。纳入后广义信贷指标仍主要以余额同比增速考核

监管部门思考完善商业银行理财业务组织体系也是在这一时期,鉴于对业务层面影响不大,我们仅做一个简要介绍。2009年,中国工商银行最早启动理财业务改革,在总行层面成立一级部门资产管理部。2013年,在光大银行成立第2家资产管理部之后,各家银行也纷纷效仿,成立了专营理财业务一级部门资产管理部,将分散在金融市场、个人金融、投资银行、公司银行等部门的理财业务集中于一个部门,主要职能是理财产品的开发设计、理财产品的投资管理,以及为客户提供受托投资、资产管理投资咨询等代客服务。2014年7月,银监会进一步发布《关于完善银行理财业务组织管理体系有关事项的通知》,明确要求银行按照单独核算、风险隔离、行为规范、归口管理等要求开展理财业务事业部改革,设立专门的理财业务经营部门负责统一经营管理全行理财业务。自此之后,商业银行理财业务的运作形式逐渐趋近于境外金融中介或境内证券公司、基金公司等机构。2018年资管新规进一步要求"主营业务不包括资产管理业务的金融机构应当设立具有独立法人地位的资产管理子公司开展资产管理业务,强化法人风险隔离,暂不具备条件的可以设立专门的资产管理业务经营部门开展业务",截止到2018年11月月底,已有18家银行公告将会设立理财子公司。

(四)监管政策汇总表

自2005年9月《商业银行个人理财业务管理暂行办法》出台,直到2018

年资管新规及其相关配套文件，涉及商业银行理财监管政策文件一共出台了38个，如表3-13所示。

表3-13 商业银行理财业务监管政策梳理

发布时间	政策文件
2005.09.24	《商业银行个人理财业务管理暂行办法》（银监会令〔2005〕2号）
2005.09.24	《商业银行个人理财业务风险管理指引》（银监发〔2005〕63号）
2006.04.17	《商业银行开办代客境外理财业务管理暂行办法》（银发〔2006〕21号）
2006.06.13	《关于商业银行开展个人理财业务风险提示的通知》（银监办发〔2006〕157号）
2006.06.21	《关于商业银行开展代客境外理财业务有关问题的通知》（银监办发〔2006〕164号）
2007.05.10	《关于调整商业银行代客境外理财业务境外投资范围的通知》（银监办发〔2007〕114号）
2007.09.03	《关于进一步调整商业银行储蓄额境外理财业务境外投资有关规定的通知》（银监办发〔2007〕197号）
2007.11.28	《关于调整商业银行个人理财业务管理有关规定的通知》（银监办发〔2007〕241号）
2008.04.03	《关于进一步规范商业银行个人理财业务有关问题的通知》（银监办发〔2008〕47号）
2008.10.23	《关于进一步加强商业银行代客境外理财业务风险管理的通知》（银监办发〔2008〕259号）
2008.12.04	《银行与信托公司业务合作指引》（银监发〔2008〕83号）
2009.04.28	《关于进一步规范商业银行个人理财业务报告管理有关问题的通知》（银监办发〔2009〕65号）
2009.07.06	《关于进一步规范商业银行个人理财业务投资管理有关问题的通知》（银监发〔2009〕65号）
2009.12.14	《关于进一步规范银信合作有关事项的通知》（银监发〔2009〕111号）
2010.12.23	《关于规范信贷资产转让及信贷资产类理财业务有关事项的通知》（银监发〔2009〕113号）
2009.12.30	《关于印发银行业个人理财业务突发事件应急预案的通知》（银监发〔2009〕115号）

表3-13(续)

发布时间	政策文件
2010.08.05	《关于规范银信理财合作业务有关事项的通知》（银监发〔2010〕72号）
2010.12.03	《关于进一步规范银行业金融机构信贷资产转让业务的通知》（银监发〔2010〕102号）
2011.01.13	《关于进一步规范银信理财合作业务的通知》（银监发〔2011〕7号）
2011.05.17	《关于规范银信理财合作业务转表范围和方式的通知》（银监办发〔2011〕148号）
2011.08.28	《商业银行理财产品销售管理办法》（银监会令〔2011〕5号）
2011.09.30	《关于进一步加强商业银行理财业务风险管理有关问题的通知》（银监发〔2011〕91号）
2013.03.03	《国务院办公厅关于加强影子银行监管有关问题的通知》（国办发〔2013〕107号文）
2013.03.25	《关于规范商业银行理财业务投资运作有关问题的通知》（银监发〔2013〕8号）
2013.06.14	《关于全国银行业理财信息登记系统（一期）运行工作有关事项的通知》（银监办发〔2013〕167号）
2013.08.15	《关于进一步做好全国银行业理财信息登记系统运行工作有关事项的通知》（银监办发〔2013〕213号）
2013.11.22	《关于全国银行业理财信息登记系统（二期）上线运行有关事项的通知》（银监办发〔2013〕265号）
2014.04.18	《关于加强农村中小金融机构非标准化债权资产投资业务监管有关事项的通知》（银监合〔2014〕11号）
2014.07.11	《关于完善银行理财业务组织管理体系有关事项的通知》（银监发〔2014〕35号）
2014.12.04	《商业银行理财业务监督管理办法》（2014年征求意见稿）
2016.07.26	《商业银行理财业务监督管理办法》（2016年征求意见稿）
2016.10.25	《中国人民银行关于将表外理财业务纳入"广义信贷"测算的通知》
2016.11.23	《商业银行表外业务风险管理指引》（修订征求意见稿）
2017.02.21	《关于规范金融机构资产管理业务的指导意见》（内审稿）
2018.04.27	《关于规范金融机构资产管理业务的指导意见》（银发〔2018〕106号）

表3-13（续）

发布时间	政策文件
2018.07.20	《关于进一步明确规范金融机构资产管理业务指导意见有关事项的通知》
2018.09.28	《商业银行理财业务监督管理办法》（银保监会2018年第6号令）
2018.12.02	《商业银行理财子公司管理办法》（银保监会2018年第7号）

以上是对资管市场和商业银行理财业务发展及监管政策变迁的一个梳理。资管行业成立之初是以公募基金为主导，随着宏观经济环境变化，资管行业逐步转向"影子银行"业务并且不断创新，监管政策相应变化。在这一过程中，商业银行凭借明显的渠道优势和刚性兑付下客户信心的积累，逐步走向资管行业的核心位置。在2018年资管新规出台之前，商业银行理财业务乃至整个资管行业积累了过多的问题，监管政策和商业银行模式创新始终存在博弈。在接下来的第四章，本书将建立模型考察重大监管政策出台所带来的政策效应及持续时间，在第五章本书还将研究模式创新如何实现对这些监管政策的突破。

第四章 监管政策变迁背景下商业银行理财产品收益率影响因素分析[①]

本书第三章已经梳理了商业银行理财业务和监管政策的变迁，可以看到监管政策直接影响商业银行理财产品设计和业务模式，不符合新的政策要求的产品设计和业务模式不能继续存在，从而影响投资端对高收益率资产的配置。遵循以上逻辑，我们猜想，监管政策变迁应该会影响到商业银行理财产品的收益率。在这一章，我们将以4家国有大型银行、5家股份制银行、4家城市商业银行、4家农村商业银行2008年12月至2018年8月数据为样本，运用门限回归模型，基于监管政策带来的结构变异角度，分析市场利率、产品期限、金融体系流动性和商业银行人民币理财产品收益率协整关系。结果表明：在过去近10年内，监管政策出台后确实对商业银行人民币理财产品的收益率产生了短期的抑制效应，但并未产生长期实质性的影响；产品期限、市场利率是理财产品收益率的重要决定因素，金融体系流动性变化亦能够对收益率产生影响。

第一节 样本选择、指标选取和描述性统计

一、样本选择

本章选取2008年12月至2018年8月我国商业银行发行的人民币理财产品的月度时间序列数据，原始数据均来源于Wind数据库。其中，依据商业银行类型、保本和非保本、发行期限，进行汇总整理。国有大型银行选取中国工

---

① 本章部分内容已发表于《经济经纬》2019年第2期，第149-157页，《商业银行理财产品收益率影响因素研究——基于监管政策变迁视角》。

商银行、中国农业银行、中国银行、中国建设银行四大行作为样本，股份制银行选取招商银行、浦发银行、中信银行、兴业银行、民生银行作为样本，城市商业银行包括北京银行、南京银行、江苏银行、宁波银行，农村商业银行选取北京农商行、上海农商行、深圳农商行、重庆农商行作为样本，这些银行均具有很强的代表性。在农商行数据选取的过程中，由于 2008 年 12 月及 2009 年 7 个月份，上述 4 家银行存在未发行非保本理财产品问题，所以选择全市场农商行数据作为替代。

在原始数据处理方面：①原始数据均来源于 Wind 数据库；②删除外币理财产品；③剔除不含收益率的数据；④剔除少量无期限理财产品或超长期限产品（如 1 年半以上）理财产品；⑤市场利率、金融体系流动性环境指标根据中期票据发行利率和 Shibor 数据进行计算而得。

二、指标选取

商业银行理财产品本是一个资产组合，但在实际中，由于刚性兑付的原因，事实上形成预期收益率产品，并不真实体现资产组合风险。由第三章的分析也可以得知，过去多年我国商业银行发行的理财产品无论真实投向如何，最终绝大多数都以直接或结构化的方式转化为固定收益类型的产品。所以，理财产品收益率变化并不完全是资产组合的逻辑。但固定收益率仍主要受市场利率变化、产品期限、金融体系流动性变化影响，不断出台的监管政策亦产生重要影响。鉴于此，本书选取表 4-1 所示指标建立模型，分析商业银行理财产品收益率的影响因素。

表 4-1　变量定义表

变量	代码	定义
因变量		
非保本理财产品收益率	FBY	当月产品发行收益率之和/当月产品发行数量
保本理财产品收益率	BBY	当月产品发行收益率之和/当月产品发行数量
自变量		
市场利率	MKTR	当月各期限中期票据发行加权平均利率
产品期限	RatioF	当月 1 个月及以内期限非保本理财产品发行数量占总发行数量比重
	BBMT	当月发行的保本理财产品期限算数平均值
金融体系流动性	LQDT	当月隔夜 Shibor 日均利率的平方

表4-1(续)

变量	代码	定义
控制变量或门限变量		
政策效应变量	Policy	政策抑制期内取值0,政策平稳期取值1

另外,还有以下几点需要说明:一是市场收益率选取中期票据各期限加权平均利率作为代理变量,主要原因是中期票据作为银行间债券市场主要的债券发行品种,基本能够体现当期实体经济融资利率变化。如 2015—2017 年间,中期票据发行规模占到整个非金融企业发行债券规模的15%左右。二是上述商业银行非保本理财产品期限变量与保本产品期限变量选择有所不同,一方面原因是较多期非保本理财产品 1 月及以内期限发行数量较大,比重指标变化更能说明月平均收益率变化,不易受到超长期限产品的影响;另一方面,非保本理财产品使用 RatioF 拟合效果更佳。而对于保本理财产品,直接使用期限指标拟合效果好于使用比重指标,原因可能在于保本理财产品超长期限产品数据极少。三是使用隔夜 Shibor 平方来表示金融体系流动性水平。由于流动性都是短期的概念,隔夜资金交易量占货币市场各期限资金成交的70%以上,具有代表性,但同时需要用平方来更加确切地描述金融体系流动性的紧张程度。原因可以举例来说明,如4%的日均 Shibor 水平相对于2%的水平完全是不同量级的紧张程度,2%可以认为是比较宽松的流动性环境,但4%就十分紧张了,所以平行数据难以反映出这种差别,需要使用平方数据来给予平行数据一定惩罚和体现这种差别。四是借助虚拟变量来衡量政策效应。当监管政策出台后,会对商业银行不符合政策导向的理财产品形成抑制,从而产生政策抑制效应,但由于监管政策出台之后逐步被商业银行理财产品进一步创新或业务模式的创新所突破,从而使得监管政策的效果逐步弱化或基本无效。所以,在模型中我们假定,将政策产生明显抑制效果的时期称为政策抑制期,取值为 0;无政策出台或政策被商业银行创新突破之后,抑制效应消失,即进入政策平稳期,取值为 1。

2018 年年底以来,与商业银行理财相关的监管文件超过 30 个,除去一般性的规范性文件,对理财业务产生重大影响的监管政策如表 4-2 所示。其中,2016 年《商业银行理财业务监督管理办法》(征求意见稿)虽然为征求意见,最终并未出台,但文件的方向性要求,亦对市场产生了重要影响。表 4-2 列出了重大监管政策出台时间,以此确定重大监管政策起作用的起点时间:一是发布银行与信托合作业务指引,时间自 2008 年 12 月开始;二是规范银行合作和信贷资产转让类理财业务，时间自 2009 年 12 月开始；三是进一步规范"影子银行"和银行理财合作业务，时间自 2010 年 8 月起；四是规范商业银行理财业务投资运作，时间自 2013 年 3 月开始；五是 2016 年 7 月的商业银行理财业务监督管理办法征求意见；六是规范金融机构资产管理业务的指导意见，即 2018 年 4 月 27 日发布的资管新规及之后的相关配套细则或文件。具体政策对应如表 4-2 所示。下文回归分析中，在 2018 年出台资管新规之前，除城商行保本理财产品模型政策抑制期取在重大监管政策出台当月和之后 2 个月（共 3 个月）之外，其他均取重大监管政策出台当月及之后 3 个月（共 4 个月）；2018 年资管新规出台当月（4 月）及之后月份均为政策抑制期；时间序列数据其他月份为政策平稳期。

表 4-2　商业银行理财业务重大监管政策梳理

发布时间	政策文件
2008. 12. 04	《银行与信托公司业务合作指引》（银监发〔2008〕83 号）
2009. 12. 14	《关于进一步规范银信合作有关事项的通知》（银监发〔2009〕111 号）
2009. 12. 23	《关于规范信贷资产转让及信贷资产类理财业务有关事项的通知》（银监发〔2009〕113 号）
2010. 08. 05	《关于规范银信理财合作业务有关事项的通知》（银监发〔2010〕72）
2013. 03. 03	《国务院办公厅关于加强影子银行监管有关问题的通知》（国办发〔2013〕107 号文）
2013. 03. 25	《关于规范商业银行理财业务投资运作有关问题的通知》（银监发〔2013〕8 号）
2016. 07. 26	《商业银行理财业务监督管理办法》（2016 年征求意见稿）
2018. 04. 27	《关于规范金融机构资产管理业务的指导意见》（银发〔2018〕106 号）（注：以下简称"2018 年资管新规"）
2018. 07. 20	《关于进一步明确规范金融机构资产管理业务指导意见有关事项的通知》
2018. 09. 28	《商业银行理财业务监督管理办法》（银保监会 2018 年第 6 号令）
2018. 12. 02	《商业银行理财子公司管理办法》（银保监会 2018 年第 7 号令）

三、描述性统计

表4-3和表4-4显示：第一，国有大型银行非保本和保本理财产品平均收益率要明显低于股份制银行、城商行、农商行，意味着股份制银行、城商行、农商行理财业务相对国有大行在产品创新力度方面更激进，国有大行则相对稳健。其中，非保本理财产品收益率的差别存在产品期限的原因，国有大行发行的非保本理财产品平均期限最长，其次是股份制银行、城商行，农商行平均期限最短。保本理财产品股份制银行期限最长，其次是城商行、国有大行，农商行期限最短。第二，非保本理财产品收益率城商行显著高于股份制银行和农商行，股份制银行和农商行收益率并无十分显著的区别，表明城商行产品创新或激进程度为四类银行最高。第三，保本理财产品收益率股份制银行最高，其次是农商行、城商行。第四，上述收益率差别也反映了不同类型银行所处的市场地位，国有大型银行客户基础深厚，易于获取低成本资金，股份制银行、城商行、农商行则要付出更高的成本。

表4-3 不同类型商业银行理财产品特征差异检验

变量	国有大行		股份制银行		T检验	Wilcoxon秩和检验
	均值	中位数	均值	中位数	T值	Z值
FBY	4.223 8	4.415 0	4.367 6	4.575 0	-6.611 1***	-6.025 0***
BBY	3.400 4	3.645 0	3.595 0	3.875 0	-8.213 1***	-6.651 0***

变量	国有大行		城商行		T检验	Wilcoxon秩和检验
	均值	中位数	均值	中位数	T值	Z值
FBY	4.223 8	4.415 0	4.649 4	4.890 0	-13.123 0***	-8.648 0***
BBY	3.400 4	3.645 0	3.468 8	3.763 9	-2.033 8**	-3.605***

变量	国有大行		农商行		T检验	Wilcoxon秩和检验
	均值	中位数	均值	中位数	T值	Z值
FBY	4.223 8	4.415 0	4.463 9	4.700 0	-7.906 8***	-6.686 0***
BBY	3.400 4	3.645 0	3.545 2	3.770 0	-4.833 5***	-4.276 0***

表4-3(续)

变量	股份行		城商行		T检验	Wilcoxon秩和检验
	均值	中位数	均值	中位数	T值	Z值
FBY	4.367 6	4.575 0	4.649 4	4.890 0	−9.377 2***	−7.556 0***
BBY	3.595 0	3.875 0	3.468 8	3.763 9	4.370 4***	4.014 0***

变量	股份行		农商行		T检验	Wilcoxon秩和检验
	均值	中位数	均值	中位数	T值	Z值
FBY	4.367 6	4.575 0	4.463 9	4.700 0	−0.444 5	−1.862 0*
BBY	3.595 0	3.875 0	3.545 2	3.770 0	1.594 6*	1.350 0

变量	城商行		农商行		T检验	Wilcoxon秩和检验
	均值	中位数	均值	中位数	T值	Z值
FBY	4.649 4	4.890 0	4.463 9	4.700 0	8.996 7***	7.743 0***
BBY	3.468 8	3.763 9	3.545 2	3.770 0	−2.242 2**	−1.813 0*

注：*、**、***分别代表显著性水平为10%、5%、1%，本书后表均同。

表4-4　不同类型商业银行理财产品期限均值、中位数

类型	均值				中位数			
	国有大行	股份制银行	城商行	农商行	国有大行	股份制银行	城商行	农商行
非保本产品	136	106	96	90	130	95	99	89
保本产品	84	125	93	72	79	124	101	69

表4-5显示，监管政策出台当月及之后3个月（下文可以证明，这个时期基本处于政策抑制期）的商业银行理财产品收益率，非保本和保本理财产品月均值都明显低于政策平稳期。其中，四种类型银行非保本理财产品收益率政策抑制期相比政策平稳期下降幅度在72~84BP，保本理财产品收益率下降幅度在69~91BP。但是，需要注意的是，以上这些比较仅为理财产品收益率数据的直接比较，并未考虑产品期限、市场利率环境等因素的影响。

表 4-5　监管政策效应及 T 检验

商业银行	类型	政策抑制期均值	政策平稳期均值	T 检验和 T 值
四大行	FBY	3.555 8	4.398 0	−4.398 6***
	BBY	2.681 3	3.588 0	−4.391 8***
股份制银行	FBY	3.771 7	4.523 0	−4.380 1***
	BBY	3.047 9	3.737 7	−2.994 1***
城商行	FBY	3.980 8	4.823 8	−3.979 1***
	BBY	2.880 1	3.622 4	−3.549 6***
农商行	FBY	3.804 3	4.621 3	−3.673 2***
	BBY	2.972 1	3.694 7	−4.289 6***

第二节　门限回归方法和模型设计

在第三章我们已经看到,在政策冲击下,一些不符合新的政策要求的产品设计和业务模式被禁止,从而影响到投资端对高收益率资产的配置。所以普通的时间序列模型难以满足检验要求,在这一部分,我们考虑到监管政策出台形成的抑制效应,运用允许结构变异的门限回归模型来分析不同状态下商业银行理财产品收益率变动逻辑以及政策效应的影响。

一、门限回归模型

(一) 两区制模型

在不同时期或受到某些事件的冲击,时间序列数据会出现结构变异问题。为此,西方学者提出并不断完善了门限回归(Threshold Regress)理论及模型[1],通过设定门限变量,以严格的统计推断方法解决结构变异导致的非线性参数估计与假设检验问题[2]。通常的门限回归模型包括不含滞后项的门限回归

---

[1]　门限回归模型又称阈模型,其基本思想是通过门限变量的控制作用,首先根据门限变量的门限值以判别控制作用,以决定不同情况下使用不同的方程,从而试图解释类似于跳跃和突变的现象,其实质是把模型按状态空间的取值进行分类,用分段的线性回归模式来描述总体非线性回归问题。

[2]　陈强:《高级计量经济学及 Stata 应用》,高等教育出版社,2014,第 396-401 页。

模型（Threshold Model），以及门限自回归模型（Threshold Autoregression Model）和门限自激励模型（Self-exciting Threshold Model），由 Tong（1983，1990）提出[①]，门限自回归模型控制变量是其滞后项的函数，门限自激励模型控制变量的滞后项则被作为门限变量。Balke 等（1997）[②] 和 Hansen（1999；2000；2011）[③] 不断拓展了门限回归的应用范围。

Hansen 提出的两区制门限回归模型如下：

假设因变量和自变量在不同区制（regime）具有不同的线性协整关系，不同区制的划分由门限值 γ 决定，那么模型可以表述如下：

$$Y_t = X_t\beta + Z_t\delta_1 + \varepsilon_t \quad if \quad -\infty < W_t \leq \gamma$$
$$Y_t = X_t\beta + Z_t\delta_2 + \varepsilon_t \quad if \quad \gamma < W_t \leq \infty \tag{4-1}$$

其中，Y_t 为因变量，X_t 是 $1 \times k$ 维协变量，系数不随区制变化，可以包含 Y_t 的滞后项，也可以不包括；β 是 $k \times 1$ 维参数向量，Z_t 为 $1 \times k$ 维自变量，系数随区制变化，两区制对应的系数向量分别为 δ_1、δ_2；W_t 是门限变量，由门限值 γ 决定区制归属；ε_t 是服从独立同分布（$i.i.d$）的误差项，均值为 0，方差为 σ^2。

进一步将上面的分段函数写为如下形式：

$$Y_t = X_t\beta + Z_t\delta_1 I(-\infty < W_t \leq \gamma) + Z_t\delta_2(\gamma < W_t \leq \infty) + \varepsilon_t \tag{4-2}$$

门限变量估计值（$\hat{\gamma}$）其实是门限变量 W_t 中的一个特殊值，可以通过最小化方程（4-2）方差的方法来估计。T 表示时间序列数据观测值的数量，依据门限变量 W_t 的分位数进行数据删减（Trimming），T_1 为删减掉门限变量的 W_t 10%分位数和90%分位数之后观测值数的量，即10%分位数和90%分位数之间的观测值数量，所以 $T_1 < T$。门限变量估计值确定方法如下：

$$\hat{\gamma} = \arg\min_{\gamma \in \Gamma} S_{T_1(\gamma)}$$

其中，$\Gamma = (-\infty, \infty)$。

$$S_{T_1(\gamma)} = \sum_{t=1}^{T} \{Y_t - X_t\beta - Z_t\delta_1 I(-\infty < W_t \leq \gamma) - Z_t\delta_2(\gamma < W_t \leq \infty)\}^2$$

当处于第一区制，即门限变量 W_t 小于或等于门限值 γ 时，随区制变化变量的回归系数为 δ_1；当处于第二区制，即 W_t 大于门限值 γ 时，随区制变化变

① Tong Howell: Threshold models in non-linear time series analysis [R], Lecture notes in statistics, 1983 年，第 122-147 页。

② Balke Nathan, Fomby Thomas: Threshold cointegration [J], International economic review, 1997 年，第 627-645 页。

③ Hansen Bruce: Testing for linearity [J], Journal of Economic Surveys, 1999 年，第 551-576 页。

量的回归系数则变为 δ_2。如果 $\delta_1 = \delta_2$，这两个区制的回归系数完全相同，则不存在门限效应。因此，可通过检验原假设 $\delta_1 = \delta_2$，来考察是否存在门限效应。如果原假设成立，则门限回归模型可以简化为一般线性回归模型。为此，Hansen（2000）提出了基于有约束模型的 LM 检验来检验是否存在门限效应，本书基于门限效应的检验主要基于这一方法。

（二）多区制模型[①]

多区制模型是指超过两个区制的门限回归模型。如果门限回归模型含有 m 个门限值，那么该模型就有 $m+1$ 个区制。若用 $j=1,\ldots,m+1$ 来表示不同区制，不考虑分段函数形式，我们可以直接将模型写成如下形式：

$$Y_t = X_t\beta + Z_t\delta_1 I(\gamma_1,\ W_t) + \cdots Z_t\delta_{m+1}I_{m+1}(\gamma_{m+1},\ W_t) + \varepsilon_t \qquad (4\text{-}3)$$

$$Y_t = X_t\beta + \sum_{j=1}^{m+1} Z_t\delta_j I_j(\gamma_j,\ W_t) + \varepsilon_t \qquad (4\text{-}4)$$

模型中，$\gamma_1 < \gamma_2 < \cdots < \gamma_m$ 按照门限值大小顺序进行排列，门限值的取值范围由门限变量的大小决定。$I_j(\gamma_j,\ W_t) = I(\gamma_{j-1} < W_t < \gamma_j)$ 代表第 j 个区制。以所有门限变量的估计值（$\hat{\gamma}_1,\ \cdots,\ \hat{\gamma}_m$）为条件，门限回归模型就是线性模型。

由于本书研究政策抑制期和政策平稳期下收益率与相关变量的协整关系，门限变量选取政策时期的虚拟变量，所以运用的是两区制模型。多区制模型更详细的内容可看 Hansen（2011）、Gonzalo，Pitarakis（2002）的研究。

另外，在门限回归检验过程中，需要分步进行，首先需要用 ADF 和 PP 方法检验长期均衡回归方程中的变量是否具有单整性，然后运用 Hansen（2000）提出 LM 方法检验两区制模型是否存在门限效应，若不存在，则模型可以简化为线性模型，若存在则需要考虑门限变量进行门限回归。

二、模型设计

根据上述理论，在监管政策冲击下，且在不同时期，市场利率、产品期限、金融体系流动性对商业银行理财产品收益率的影响均不相同，所以这些指标系数均随区制变化。为此，本书建立如下模型：

$$Yield_t = \delta_{10} + \delta_{11}MKTR_t + \delta_{12}MT_t + \delta_{13}LQDT_t + \varepsilon_t \quad if \quad -\infty < Policy_t \leqslant \gamma$$

$$Yield_t = \delta_{20} + \delta_{21}MKTR_t + \delta_{22}MT_t + \delta_{23}LQDT_t + \varepsilon_t \quad if \quad \gamma < Policy_t \leqslant \infty$$

$$(4\text{-}5)$$

$Yield_t$ 表示商业银行人民币理财产品收益率，为被解释变量，区分保本和非保

---

① 陈强：《高级计量经济学及 Stata 应用》，高等教育出版社，2014，第 400-432 页。

理财产品的情况下对应变量定义表中的 FBY、BBY。$MRTR_t$ 为市场利率变量，如上所述，在本书中使用各期限中票票据加权平均利率替代；MT_t 代表理财产品存续期限，如上所述，非保本理财产品期限用 $RatioF_t$ 来衡量，保本产品使用 $BBMT_t$ 来衡量，$LQDT_t$ 代表金融体流动性，这三个变量都是随区制而变化的解释变量。门限变量为 $Policy_t$，在政策抑制期取 0，在政策平稳期取 1。该模型未将滞后变量纳入模型，主要原因是商业银行作为一个理性的经济人，其需要根据金融市场环境变化对理财产品收益率迅速做出调整，即当期理财产品收益率应取决于当期资产和当期市场利率，以及当期的金融体系流动性情况，前期的指标已不具有指导意义。在具有较高效率的金融市场中，一个滞后的信息对金融机构决策几乎无法提供帮助。接下来将运用这一模型分别对四种类型银行非保本和保本理财产品数据进行回归。

第三节　实证结果和回归分析

一、国有大型银行模型

（一）单整性检验

由于本书选取的指标均为时间序列数据，所以需要检验数据的平稳性，否则可能出现"伪回归"问题。本书采用 ADF（Augmented Dickey-Fuller）和 PP（Phillips-Perron）检验方法对变量分别进行单位根检验。其中，ADF 检验的滞后阶数根据 Schwert（1989）最大滞后阶数和滞后变量的显著性，各变量最优的滞后阶数普遍在 3 阶左右，考虑到一致性，本书单整性检验滞后阶数均取 3 阶，如表 4-6、表 4-7 所示，实际上选取更多滞后阶数并未影响到实际的检验结果，以下各类型银行的检验均采用这种方式。在国有大型银行模型中，单整性检验结果显示，国有大行指标收益率、产品期限指标、市场利率和流动性指标等均为一阶单整的 $I(1)$ 过程。接下来，需要检验其非保本和保本理财收益率模型的变量系统是否具有协整关系。

表 4-6　国有大型银行指标单整性检验

检验类型	检验对象	T 值	显著性水平		
			1%	5%	10%
ADF	FBY	−2.143	−3.506	−2.889	−2.579
	△FBY	−4.242 ***			
	BBY	−2.062			
	△BBY	−5.485 ***			
	RatioF	−1.372			
	△RatioF	−5.570 ***			
	BBMT	−1.156			
	△BBMT	−8.016 ***			
PP	FBY	−1.937	−3.505	−2.889	−2.579
	△FBY	−10.863 ***			
	BBY	−2.247			
	△BBY	−11.753 ***			
	RatioF	−2.439			
	△RatioF	−13.567 ***			
	BBMT	−2.102			
	△BBMT	−15.727 ***			

表 4-7　市场利率和金融体系流动性指标的单整性检验

检验类型	检验对象	T 值	显著性水平		
			1%	5%	10%
ADF	MKTR	−3.041 **	−3.506	−2.889	−2.579
	△MKTR	−4.384 ***			
	LQDT	−2.800 *			
	△LQDT	−8.130 ***			

表4-7(续)

检验类型	检验对象	T 值	显著性水平		
			1%	5%	10%
PP	MKTR	−2.690*	−3.505	−2.889	−2.579
	△MKTR	−11.406***			
	LQDT	−3.993***			
	△LQDT	−15.092***			

（二）非保本理财产品门限回归

由于国有大型银行非保本理财产品变量系统均为一阶单整，所以可以进行检验协整关系。表4-8显示，秩迹检验（Trace Statistic）和最大特征值检验（Max Statistic）在5%的显著性水平上都拒绝了"协整秩为0"的原假设，但是都不能拒绝"协整秩为1"的原假设，所以可以认为其非保本理财产品变量系统（FBY MKTR RatioF LQDT）存在单一的线性协整关系。

表4-8　国有大型银行 FBY 协整关系检验

原假设	秩迹检验 （Trace Statistic）	5%临界值	检验结果
无	68.995 4	39.89	拒绝
至多1个协整	25.662 9	26.31	不能拒绝
原假设	最大特征值检验 （Max Statistic）	5%临界值	检验结果
无	43.332 5	23.8	拒绝
至多1个协整	17.745 3	17.89	不能拒绝

在存在单一线性协整关系的情况下，再用 Hansen（2000）提出的有约束模型进一步检验是否存在门限效应。如果两个区制的回归系数完全相同，则不存在门限效应，如果回归结果拒绝系数完全相同的假设，可以认为存在门限效应。鉴于门限效应检验方法用到的是 LM 统计量，其分布具有非正态性，因此采取自助抽样法（Bootstrap）计算 P 值。对国有大型银行非保本理财模型的 LM 检验结果显示（通过自助抽样法进行 2 000 次模拟，在5%的 Trimming Percentage 下，LM 统计量为 7.67，P 值为 4.85%），在5%的显著性水平下，可以拒绝两个区制不存在差别的假设，同时认为门限效应是存在的。在该模型中，

2018 年资管新规出台之前的重大监管政策出台当月及之后的 3 个月，门限效应变量（Policy）取值为 0；2018 年资管新规出台当月及之后月份均取值为 0；其他时期取值为 1。上述模型回归结果十分理想，反映了模型设定的合理性，意味着在 2018 年资管新规出台之前的监管政策在大约 4 个月左右的时期对国有大型银行非保本理财产品收益率产生了抑制效应，商业银行理财产品创新受到一定抑制。

表 4-9 显示，在两个区制中，国有大型银行非保本理财产品收益率与市场利率均呈现正相关关系，金融体系流动性紧张会提升产品收益率，1 个月及以内期限理财产品占比越高，产品收益率越低，反映了产品期限与收益率成正比。在政策平稳期（区制 2），即 $Policy_t > 0$ 时，国有大行非保本理财产品收益率主要受市场利率影响；而在政策抑制期（区制 1），即 $Policy_t \leqslant 0$ 时，理财产品收益率受市场利率影响明显降低，产品期限对收益率的影响变得更加强烈。结合前表 4-5 的监管政策效应及 T 检验结果，可以认为，2018 年资管新规出台之前，重大监管政策出台短时间内（重大政策出台 4 个月内）对国有大型银行非保本理财产品收益率形成抑制效应，但并未影响到其与市场利率、产品期限、金融体系流动性的长期变动关系（重大政策出台 4 个月之后）。但是，2018 年资管新规出台之后，对国有大行非保本理财收益率抑制效应的影响持续存在。

表 4-9　国有大型银行非保本理财产品收益率门限回归结果

国有大行 FBY	控制变量	系数估计值	标准差	Z	P 值
区制 1 （$Policy \leqslant 0$）	MKTR	0.230 322 4*	0.134 691 5	1.60	0.087
	RatioF	−3.251 547 0***	0.611 886 8	−5.31	0.000
	LQDT	0.084 821 5*	0.051 097 3	1.66	0.099
	截距项	2.631 429 0***	0.547 093 7	4.81	0.000
区制 2 （$Policy > 0$）	MKTR	0.585 901 4***	0.048 075 1	12.19	0.000
	RatioF	−2.523 252 0***	0.293 519 3	−8.60	0.000
	LQDT	0.016 565 2**	0.007 206 3	2.30	0.022
	截距项	1.393 097 0**	0.239 754 9	5.81	0.000
Threshold Test	LM−test Statistic = 7.668 241 13				
	Bootstrap P − Value = 0.048 5（trim = 5%，reps = 2 000）				

（三）保本理财产品门限回归

表4-6和表4-7显示，国有大型银行保本理财产品模型所有变量均为一阶单整，所以可以进一步进行协整关系检验。表4-10显示，秩迹检验（Trace Statistic）和最大特征值检验（Max Statistic）在5%的显著性水平上都拒绝了"协整秩为0"的原假设，但是都不能拒绝"协整秩为1"的原假设，可以认为国有大型银行保本理财产品变量系统（BBY MKTR BBMT LQDT）存在单一的线性协整关系。

表4-10　国有大型银行 BBY 协整关系检验

原假设	秩迹检验 （Trace Statistic）	5%临界值	检验结果
无	67. 380 5	39. 89	拒绝
至多 1 个协整	17. 291 8	24. 31	不能拒绝
原假设	最大特征值检验 （Max Statistic）	5%临界值	检验结果
无	50. 088 8	23. 8	拒绝
至多 1 个协整	10. 757 3	17. 89	不能拒绝

表4-11显示，对国有大型银行保本理财模型门限进行检验，检验结果显示（通过自助抽样法进行 2 000 次模拟，在5%的 Trimming Percentage 下，LM 统计量为 12.46，P 值为 0.25%），在1%的显著性水平下，可以拒绝两个区制不存在差别的假设，所以，门限效应十分显著。在这个模型中，门限效应变量 *Policy* 与国有大型银行非保本理财产品的取值方式完全相同。由于商业银行理财产品的创新多在非保本产品领域，重大监管政策大多针对的是表外理财，即非保本产品，所以重大监管政策短期对保本理财收益率的抑制，很可能源于非保本理财产品收益率下降带来的传导效应，这一猜想我们将在本章第五节进行验证。

表4-11　国有大型银行保本理财产品收益率门限回归结果

国有大行 BBY	控制变量	系数估计值	标准差	Z	P 值
区制 1 （*Policy* ≤0）	MKTR	0. 161 303 5	0. 147 884 3	1. 09	0. 275
	BBMT	0. 454 577 0 ***	0. 141 541 7	3. 21	0. 001
	LQDT	0. 179 937 8 ***	0. 051 405 4	3. 50	0. 000
	截距项	−0. 697 760 4	0. 626 015 6	−1. 11	0. 265

表4-11（续）

国有大行 BBY	控制变量	系数估计值	标准差	Z	P 值
区制 2 （*Policy*>0）	MKTR	0. 676 624 9 ***	0. 051 820 1	13.06	0. 000
	BBMT	0. 617 856 9 ***	0. 093 948 4	6. 58	0. 000
	LQDT	0. 037 838 3 ***	0. 007 230 1	5. 23	0. 000
	截距项	−2. 898 288 0 ***	0. 373 698 8	−7. 76	0. 000
Threshold Test		LM-test Statistic = 12. 460 874 7			
		Bootstrap P - Value = 0. 002 5 （trim = 5%，reps = 2 000）			

在国有大型银行保本理财产品模型的两个区制内，市场利率、金融体系流动性紧张程度和产品期限均与其收益率呈现正相关关系。政策平稳期（区制 2）产品收益率对市场利率的敏感程度明显高于政策抑制期（区制 1），这与非保本理财产品的情况基本相同。监管政策效应及 T 检验结果表明，2018 年资管新规出台之前，重大政策出台短期内产生了抑制效应，但未能影响长期变动关系。但2018 年资管新规的出台对国有大行保本理财收益率抑制效应影响持续存在。

二、股份制银行模型

（一）单整性检验

表 4-12 显示，股份制银行模型各变量指标，即产品收益率、市场利率、产品期限、金融体系流动性指标均为一阶单整，因此可以继续对其非保本产品和保本产品收益率变量系统进行协整关系检验。

表 4-12　股份制银行模型指标单整性检验

检验类型	检验对象	T 值	显著性水平		
			1%	5%	10%
ADF	FBY	−2. 084	−3. 506	−2. 889	−2. 579
	△FBY	−4. 632 ***			
	BBY	−1. 845			
	△BBY	−4. 910 ***			
	RatioF	−2. 255			
	△RatioF	−4. 905			
	BBMT	−1. 156			
	△BBMT	−8. 016 ***			

表4-12(续)

检验类型	检验对象	T 值	显著性水平		
			1%	5%	10%
PP	FBY	−1.641	−3.505	−2.889	−2.579
	△FBY	−10.712***			
	BBY	−1.924			
	△BBY	−10.277***			
	RatioF	−3.140**			
	△RatioF	−12.557***			
	BBMT	−2.102			
	△BBMT	−15.727			

（二）非保本理财产品门限回归

首先，对股份制银行非保本理财产品变量系统（FBY MKTR RatioF LQDT）的协整关系检验。与国有大型银行检验结果不同，对股份制银行非保本模型变量系统的秩迹检验和最大特征值检验均显示该系统存在 2 个协整。也就是说，这一变量系统不存在单一的线性协整关系。但剔除 LQDT 后，进一步检验变量系统（FBY MKTR RatioF），表 4-13 显示，秩迹检验和最大特征值检验在 5% 的显著性水平上都拒绝了"协整秩为 0"的原假设，但不能拒绝"协整秩为 1"的原假设，所以可以认为剔除 LQDT 后的变量系统存在单一的线性协整关系。

表 4-13 股份制银行 FBY 协整关系检验

原假设	秩迹检验 （Trace Statistic）	5%临界值	检验结果
无	34.166 4	24.31	拒绝
至多 1 个协整	8.234 5	12.53	不能拒绝
原假设	最大特征值检验 （Max Statistic）	5%临界值	检验结果
无	25.932	17.89	拒绝
至多 1 个协整	8.225 2	11.44	不能拒绝

进一步检验该系统是否存在门限效应。LM 检验结果显示（通过自助抽样法进行 2 000 次模拟，在 5% 的 Trimming Percentage 下，LM 统计量为 6.80，P 值为 5.4%），在 10% 的显著性水平下，可以拒绝两个区制不存在差别的假设。

也就是说剔除 LQDT 变量后，这一系统存在门限效应。门限值变量（Policy）取值与国有大型银行相同。表明监管政策在大约 4 个月左右的时间对股份制银行非保本理财产品收益率产生了抑制效应。另外，剔除 LQDT 变量并不意味着金融体系流动性变量对收益率没有产生影响，实际上变量系统（FBY MKTR RatioF LQDT）的一阶差分检验显示，△LQDT 的系数为正，且在 5% 的显著性水平下系数是显著的，即流动性紧张程度的增加对非保本产品收益率提升存在正向的作用。

如表 4-14 所示，门限回归结果显示，在区制 1（$Policy_t \leq 0$），即政策抑制期内，1 个月及以内期限产品占比与因变量收益率反而是正向关系，意味着期限增加并不能为非保本理财收益率带来提升，这种情况反映了重大政策出台明显影响了非保本产品的定价关系，即短期变量之间的协整关系。在区制 2（$Policy_t > 0$），即政策平稳期内，市场利率系数为正，RatioF 系数为负，表明长期关系中，股份制银行非保本理财产品收益率与市场利率正相关，产品期限越长收益率越高。

表 4-14 股份制银行非保本理财产品收益率门限回归结果

股份行 FBY	控制变量	系数估计值	标准差	Z	P 值
区制 1 （$Policy \leq 0$）	MKTR	0.861 935 3***	0.131 051 1	6.58	0.000
	RatioF	1.440 435 0*	0.874 956 2	1.65	0.100
	截距项	−0.409 098 5	0.691 566 2	−0.59	0.554
区制 2 （$Policy > 0$）	MKTR	0.689 774 8***	0.050 402 2	13.69	0.000
	RatioF	−1.280 718 0***	0.305 624 3	−4.19	0.000
	截距项	1.189 434 0***	0.277 506 9	4.29	0.000
Threshold Test		LM−testStatistic = 6.801 058 49			
		Bootstrap P−Value = 0.054（trim = 5%，reps = 2 000）			

（三）保本理财产品门限回归

表 4-15 是对股份制银行保本理财产品变量系统（BBY MKTR BBMT LQDT）进行协整关系检验，秩迹检验和最大特征值检验均在 5% 的显著性水平上拒绝了"协整秩为 0"的原假设，但不能拒绝"协整秩为 1"的原假设，所以，可以认为该系统存在单一的线性协整关系。

表 4-15　股份制银行 BBY 协整关系检验

原假设	秩迹检验 （Trace Statistic）	5%临界值	检验结果
无	86.558 3	39.89	拒绝
至多 1 个协整	24.549 9	24.61	不能拒绝
原假设	最大特征值检验 （Max Statistic）	5%临界值	检验结果
无	62.008 4	23.8	拒绝
至多 1 个协整	14.352 5	17.89	不能拒绝

　　进一步检验该系统是否存在门限效应。LM 检验结果显示（通过自助抽样法进行 2 000 次模拟，在 5%的 Trimming Percentage 下，LM 统计量为 14.01，P 值为 0.1%），在 1%的显著性水平下，可以拒绝两个区制不存在差别的假设，门限效应十分显著。门限效应变量 Policy 取值与国有大型银行、股份制银行均相同。表明监管政策在大约出台后 4 个月左右的时间内对其保本理财产品收益率产生了抑制效应。但 2018 年资管新规的抑制效应影响自出台之后持续存在。

　　门限回归结果显示，在两个区制中，股份制银行保本理财产品收益率与市场利率、产品期限、金融体系流动性都呈现正相关的关系，但在政策平稳期，市场利率对收益率的影响更为明显，这反映了监管政策对变量系统关系的扰动，即监管政策出台短期内降低了保本理财产品收益率对市场利率的敏感程度。

表 4-16　股份制银行保本理财产品收益率门限回归结果

股份行 BBY	控制变量	系数估计值	标准差	Z	P 值
区制 1 （$Policy \leqslant 0$）	MKTR	0.485 484 2***	0.174 282 6	2.79	0.005
	BBMT	0.003 594 9*	0.002 115 3	1.70	0.089
	LQDT	0.246 597 0***	0.056 192 4	4.39	0.000
	截距项	−0.561 407 0	0.705 640 0	−0.80	0.426
区制 2 （$Policy > 0$）	MKTR	0.743 608 8***	0.056 203 9	13.23	0.000
	BBMT	0.004 001 7***	0.001 027 8	3.89	0.000
	LQDT	0.023 685 5***	0.008 654 8	2.74	0.006
	截距项	−0.841 237 2***	0.285 837 3	−2.94	0.003
Threshold Test	LM-test Statistic = 14.005 882 3				
	Bootstrap P-Value = 0.001（trim = 5%，reps = 2 000）				

三、城市商业银行模型

（一）单整性检验

表4-17对城商行模型指标单整性检验结果显示，产品收益率、市场利率、产品期限、金融体系流动性指标均为一阶单整。所以，可以继续检验其非保本产品和保本产品收益率模型的变量系统是否具有协整关系。

表4-17　城商行模型指标单整性检验

检验类型	检验对象	T 值	显著性水平		
			1%	5%	10%
ADF	FBY	−2.139	−3.506	−2.889	−2.579
	△FBY	−6.089 ***			
	BBY	−2.017			
	△BBY	−5.400 ***			
	RatioF	−2.405			
	△RatioF	−5.766 ***			
	BBMT	−2.198			
	△BBMT	−5.892 ***			
PP	FBY	−2.282	−3.505	−2.889	−2.579
	△FBY	−15.269 ***			
	BBY	−1.892			
	△BBY	−13.006 ***			
	RatioF	−3.703			
	△RatioF	−15.592 ***			
	BBMT	−2.960			
	△BBMT	−13.883			

（二）非保本理财产品门限回归

首先，对城商行非保本理财产品变量系统（FBY MKTR RatioF LQDT）的协整关系检验。与股份制银行相同，对城商行非保本模型变量系统的秩迹检验和最大特征值检验均显示该系统存在两个协整，也就是说，这一变量系统不存在单一的线性协整关系。但剔除LQDT后，进一步检验变量系统（FBY MKTR RatioF），表4-18显示，秩迹检验和最大特征值检验在5%的显著性水平上都拒绝了"协整秩为0"的原假设，但不能拒绝"协整秩为1"的原假设，所以可以认为剔除LQDT后的变量系统存在单一的线性协整关系。

表 4-18　城商行 FBY 协整关系检验

原假设	秩迹检验 （Trace Statistic）	5%临界值	检验结果
无	32. 258 2	24. 31	拒绝
至多 1 个协整	11. 577	12. 53	不能拒绝
原假设	最大特征值检验 （Max Statistic）	5%临界值	检验结果
无	20. 681 1	17. 89	拒绝
至多 1 个协整	11. 534	11. 64	不能拒绝

检验新变量系统是否存在门限效应，表 4-19 的 LM 检验结果显示，在 10%的显著性水平下，可以拒绝两个区制不存在差别的假设，也就是说剔除 LQDT 变量后，新系统存在门限效应。门限效应变量 *Policy* 取值与之前相同。表明监管政策在大约出台后 4 个月左右的时间内对城商行非保本理财产品收益率产生了抑制作用。另外，与股份制银行非保本理财模型相同，剔除 LQDT 变量并不意味着金融体系流动性变量对收益率没有产生影响，实际上城商行变量系统（FBY MKTR RatioF LQDT）的一阶差分回归显示，△LQDT 的系数正，且在 5%的显著性水平下系数是显著的，即在其他条件不变的情况下，流动性紧张程度的增加对收益率提升存在正向的作用。

表 4-19　城商行非保本理财产品收益率门限回归结果

城商行 FBY	控制变量	系数估计值	标准误	Z	P 值
区制 1 （*Policy*≤0）	MKTR	0. 736 331 5 ***	0. 186 799 0	3. 94	0. 000
	RatioF	−5. 885 910 0 ***	2. 071 820 0	−2. 84	0. 004
	截距项	0. 940 396 3	0. 874 065 1	1. 08	0. 282
区制 2 （*Policy*>0）	MKTR	0. 727 473 5 ***	0. 068 992 7	10. 54	0. 000
	RatioF	−1. 118 471 0 ***	0. 401 381 4	−2. 79	0. 005
	截距项	1. 089 152 0 ***	0. 368 072 7	2. 96	0. 003
Threshold Test	LM-test Statistic＝6. 051 539 78				
	Bootstrap P－Value＝0. 064 5（trim＝5%，reps＝2 000）				

门限回归结果显示，政策抑制期（区制 1）和政策平稳期（区制 2），产

品收益率与市场利率、产品期限存在明显不同的协整关系，表明重大监管政策短期对系统的协整关系产生了明显影响。在区制1，相比区制2，1个月及以内产品占比对产品收益率的影响显著提升，显示出这种短期影响。

（三）保本理财产品门限回归

表4-20是对城商行保本理财产品变量系统（BBY MKTR BBMT LQDT）进行协整关系检验的结果。秩迹检验和最大特征值检验在5%的显著性水平上都拒绝了"协整秩为0"的原假设，但都不能拒绝"协整秩为1"的原假设，所以可以认为该系统存在单一的线性协整关系。

表4-20　城商行 BBY 协整关系检验

原假设	秩迹检验 （Trace Statistic）	5%临界值	检验结果
无	66.22	39.89	拒绝
至多1个协整	20.49	24.31	不能拒绝
原假设	最大特征值检验 （Max Statistic）	5%临界值	检验结果
无	45.73	23.80	拒绝
至多1个协整	11.84	17.89	不能拒绝

再进一步检验该系统是否存在门限效应。表4-21的LM检验结果显示，在5%的显著性水平下，可以拒绝两个区制不存在差别的假设，表明存在门限效应。在这里，门限效应变量 *Policy* 取值与前文国有大型银行、股份制银行的检验略有不同。2018年资管新规出台之前的重大监管政策出台当月及之后的2个月，门限效应变量 *Policy* 取值为0；2018年资管新规出台当月及之后月份均取值为0；其他时期取值为1。2018年之前的重大监管政策影响持续时间取值比之前均少1个月。如果按照国有大型银行、股份制银行以及城商行非保本理财产品模型的取值方式，模拟效果不佳，但减少1个月的政策抑制期，模型模拟效果得到明显改善。这也表明了重大政策出台对城商行保本理财产品收益率的抑制效应持续时间相对较短，大约在3个月左右。同样的，政策平稳期的协整关系显著，表明短期的抑制效应未能影响到变量系统的长期变动关系。检验结果显示，监管政策出台短期内降低了理财产品收益率与市场利率的联系。

表 4-21　城商行保本理财产品收益率门限回归结果

城商行 BBY	控制变量	系数估计值	标准差	Z	P 值
区制 1 (*Policy*≤0)	MKTR	0.215 550 0	0.233 195 2	0.92	0.355
	BBMT	0.013 469 2***	0.005 319 2	2.53	0.011
	LQDT	0.202 628 3***	0.085 527 8	2.37	0.018
	截距项	−0.019 699 1	0.883 061 9	−0.02	0.982
区制 2 (*Policy*>0)	MKTR	0.563 810 1***	0.061 329 9	9.19	0.000
	BBMT	0.012 356 9***	0.002 587 5	·4.78	0.000
	LQDT	0.016 355 2*	0.009 425 4	1.74	0.083
	截距项	−0.637 762 8**	0.323 402 5	−1.97	0.049
HS Threshold Test	LM-test Statistic = 9.663 037 45				
	Bootstrap P-Value = 0.015（trim = 5%，reps = 2 000）				

四、农村商业银行模型

（一）单整性检验

表 4-22 显示，股份制银行模型各变量指标，即产品收益率、市场利率、产品期限、金融体系流动性指标均为一阶单整。所以，可以继续对非保本产品和保本产品收益率变量系统进行协整关系检验。

表 4-22　农商行模型指标单整性检验

检验类型	检验对象	T 值	显著性水平		
			1%	5%	10%
ADF	FBY	−1.670	−3.506	−2.889	−2.579
	△FBY	−5.811***			
	BBY	−2.210			
	△BBY	−5.915***			
	RatioF	−3.005*			
	△RatioF	−6.340***			
	BBMT	−4.531***			
	△BBMT	−10.419***			

表4-22(续)

检验类型	检验对象	T 值	显著性水平		
			1%	5%	10%
PP	FBY	−1.689	−3.505	−2.889	−2.579
	△FBY	−13.512***			
	BBY	−2.024			
	△BBY	−11.100***			
	RatioF	−4.953***			
	△RatioF	−20.432***			
	BBMT	−8.520***			
	△BBMT	−21.867***			

（二）非保本理财门限回归

对农商行非保本理财产品变量系统（FBY MKTR RatioF LQDT）进行协整关系检验。秩迹检验和最大特征值检验均显示该系统协整秩大于1，也就是说，这一系统不存在单一线性协整关系。然而在剔除LQDT后，检验新变量系统（FBY MKTR FatioF），表4-23显示，秩迹检验和最大特征值检验在5%的显著性水平上拒绝"协整秩为0"的原假设，但不能拒绝"协整秩为1"的原假设，所以可以认为新变量系统存在单一的线性协整关系。

表4-23 农商行FBY协整关系检验

原假设	秩迹检验（Trace Statistic）	5%临界值	检验结果
无	32.812 1	24.31	拒绝
至多1个协整	9.677 1	12.53	不能拒绝
原假设	最大特征值检验（Max Statistic）	5%临界值	检验结果
无	23.135	17.89	拒绝
至多1个协整	9.671 7	11.44	不能拒绝

检验新变量系统是否存在门限效应，LM检验结果显示（通过自助抽样法进行5 000次模拟，在1%的Trimming Percentage下，LM统计量为10.98，P值为0.65%），在1%的显著性水平下，可以拒绝两个区制不存在差别的假设，

新变量系统门限效应十分显著。门限效应变量 *Policy* 取值与国有大型银行模型相同。表明监管政策在大约 4 个月左右的时间对农商行非保本理财产品收益率产生了抑制作用。另外，与股份制银行非保本理财模型相同，剔除 *LQDT* 变量并不意味着金融体系流动性变量对收益率没有产生影响，运用一阶差分数据进行回归，可以看到在其他条件不变的情况下，金融体系流动性紧张程度的增加对理财产品收益率存在正向作用。

门限回归结果显示，政策抑制期（区制 1）和政策平稳期（区制 2），产品收益率与市场利率、产品期限存在明显不同的协整关系，表明重大监管政策短期对系统的协整关系产生了明显影响。在区制 1，相比区制 2，1 个月及以内产品占比对产品收益率的影响显著提升，显示出这种短期影响。如表 4-24 所示。

表 4-24　农商行非保本理财产品收益率门限协整回归结果

农商行 FBY	控制变量	系数估计值	标准误	Z	P 值
区制 1 （*Policy*≤0）	MKTR	0.716 723 1***	0.165 894 2	4.32	0.000
	RatioF	−1.457 863***	0.356 386 4	−4.09	0.000
	截距项	1.317 242*	0.739 550 2	1.78	0.075
区制 2 （*Policy*>0）	MKTR	0.691 355 2***	0.067 912 7	10.18	0.000
	RatioF	−0.649 401 2**	0.295 972 7	−2.19	0.028
	截距项	1.307 233***	0.372 311 2	3.51	0.000
HS Threshold Test		LM-test Statistic = 10.975 755			
		Bootstrap P-Value = 0.006 5（trim=1%，reps=5 000）			

（三）保本理财门限回归

表 4-25 是对农商行保本理财产品变量系统（BBY MKTR BBMT LQDT）进行协整关系检验的结果。秩迹检验和最大特征值检验在 5% 的显著性水平上都拒绝了"协整秩为 0"的原假设，但都不能拒绝"协整秩为 1"的原假设，所以可以认为该系统存在单一的线性协整关系。

表 4-25　农商行 BBY 协整关系检验

原假设	秩迹检验 （Trace Statistic）	5%临界值	检验结果
无	78.83	39.89	拒绝
至多 1 个协整	25.61	26.31	不能拒绝

表4-25（续）

原假设	秩迹检验 （Trace Statistic）	5%临界值	检验结果
原假设	最大特征值检验 （Max Statistic）	5%临界值	检验结果
无	53.23	23.80	拒绝
至多1个协整	15.33	17.89	不能拒绝

再进一步检验该系统是否存在门限效应。表4-26的LM检验结果显示，在1%的显著性水平下，可以拒绝两个区制不存在差别的假设，表明存在门限效应。在这里，门限效应变量 *Policy* 取值与前文国有大型银行、股份制银行的检验相同。2018年资管新规出台之前门限效应变量 *Policy* 在重大监管政策出台当月及之后的4个月，取值为0；2018年资管新规出台当月及之后月份均取值为0；其他时期取值为1。2018年之前的重大监管政策影响持续时间取值比之前均少1个月。如果按照国有大型银行、股份制银行以及城商行非保本理财产品模型的取值方式，模拟效果不佳，但减少1个月的政策抑制期，模型模拟效果得到明显改善。这也表明了重大政策出台对农商行保本理财产品收益率的抑制效应持续时间相对较短，大约在4个月左右。同样的，政策平稳期的协整关系显著，表明短期的抑制效应未能影响到变量系统的长期变动关系。

表4-26 农商行保本理财产品收益率门限协整回归结果

城商行 BBY	控制变量	系数估计值	标准差	Z	P 值
区制1 （*Policy* ≤0）	MKTR	0.383 121 1 **	0.169 127 2	2.27	0.023
	BBMT	0.004 812 5	0.003 488 7	1.38	0.168
	LQDT	0.189 152 1 ***	0.048 962 2	3.86	0.000
	截距项	0.125 024 1	0.685 854 3	0.18	0.855
区制2 （*Policy* >0）	MKTR	0.635 345 8 ***	0.055 318 1	11.49	0.000
	BBMT	0.001 369 3	0.002 064 4	0.66	0.507
	LQDT	0.026 225 ***	0.008 708 9	3.01	0.003
	截距项	0.071 383 0	0.328 948 1	0.22	0.828
HS Threshold Test	LM-test Statistic = 13.955 396 5				
	Bootstrap P-Value = 0.000 4（trim=1%，reps=5 000）				

第四节　非保本理财产品收益率（FBY）和 保本理财产品收益率（BBY）的逻辑关系

由于商业银行理财业务创新大多在非保本产品领域，基于第三章的分析，可知监管政策主要针对的也是非保本产品，但通过本章第三节的检验我们发现了保本理财产品收益率也存在门限效应。由此猜想，这可能是由于非保本理财收益率的传导效应作用，即政策作用于非保本理财产品，非保本理财产品收益率下降进一步传导至保本理财产品，从而带动保本理财产品收益率的下降。在本节，我们首先判断各种类型银行非保本理财产品收益率（FBY）和保本理财产品收益率（BBY）的协整关系，这种协整关系判断的是两者之间的长期关系。然而根据上述分析，监管政策效应往往具有短期性，所以我们还将运用误差修正模型（ECM）来判断非保本理财产品收益率对保本理财产品收益率的短期影响。

一、四种类型银行

图 4-1 显示，如果不考虑 2010 年之前的早期阶段，四种类型银行非保本理财产品收益率与保本理财产品收益率都具有一定的联动性，非保本理财产品收益率高于保本理财产品收益率。仅从直观的图示来看，四种类型银行（FBY BBY）很可能存在协整关系，两者存在较为一致的变动逻辑或趋势。

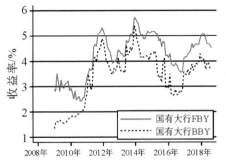
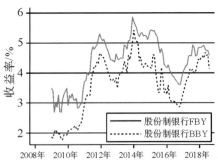

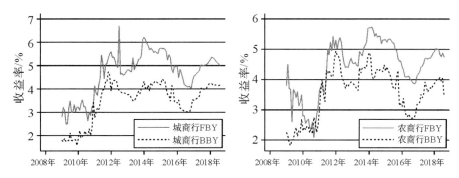

图 4-1　不同类型银行 FBY 和 BBY 时间序列变化趋势

二、基于 EG-ADF 模型的长期关系检验

（一）建立模型

本节在样本选择、数据处理方面均与上一节相同，依然选择 2008 年 12 月至 2018 年 8 月的四种类型银行月度平均收益率进行实证分析。分别判断四种类型银行非保本理财产品收益率（FBY）和保本理财产品收益率（BBY）之间是否存在协整关系。上一节，已经进行了平稳性检验，未进行差分之前，四种类型银行的 FBY 和 BBY 都是非平稳的，但一阶差分之后都是平稳的，即 FBY 和 BBY 均为一阶单整的时间序列数据。

建立如下回归模型：

$$BBY_t = \beta_0 + \beta_1 FBY_t + \varepsilon_t \tag{4-6}$$

其中，BBY_t 代表保本理财产品收益率，FBY_t 代表非保本理财产品收益率，ε_t 为误差项，待估计的参数分别为 β_0、β_1。

（二）国有大型银行的检验

第一步，对国有大行模型进行回归得到如下结果，模型两个系数的估计值均在 1% 的显著性水平下通过检验。

$$BBY_t = -1.165\ 1 + 1.080\ 9FBY_t + \varepsilon_t$$
$$R^2 = 0.881\ 7$$

第二步，对上述方程的残差进行单位根检验，检验结果如表 4-27 所示：

表 4-27　国有大行 EG-ADF 模型残差的单位根检验

检验类型	检验对象	T 值	显著性水平		
			1%	5%	10%
ADF	模型残差	−3.093 **	−3.505	−2.889	−2.579
PP	模型残差	−3.788 ***	−3.505	−2.889	−2.579

对残差进行单位根检验，含常数项但不含时间趋势，根据 Schwert（1989）逐步调整确定最优滞后阶数。检验结果显示，ADF 检验下 $\hat{\varepsilon}_t$ 序列在 5% 的显著性水平下拒绝原假设，PP 检验下 $\hat{\varepsilon}_t$ 序列在 1% 的显著性水平下拒绝原假设。因此可以确定 $\hat{\varepsilon}_t$ 为平稳序列，即 $\hat{\varepsilon}_t \sim I(0)$。上述结果表明，在 2018 年 1 月至 2018 年 8 月期间国有大行的 BBY 和 FBY 之间存在协整关系。

（三）股份制银行的检验

第一步，对股份制银行模型进行回归得到如下结果，模型两个系数的估计值均在 1% 的显著性水平下通过检验。

$$BBY_t = -1.2079 + 1.0997FBY_t + \varepsilon_t$$

$$R^2 = 0.8985$$

第二步，对上述方程的残差进行单位根检验，检验结果如表 4-28 所示：

表 4-28　股份制银行 EG-ADF 模型残差的单位根检验

检验类型	检验对象	T 值	显著性水平		
			1%	5%	10%
ADF	模型残差	−3.191 **	−3.506	−2.889	−2.579
PP	模型残差	−5.024 ***	−3.505	−2.889	−2.579

对残差进行单位根检验，含常数项但不含时间趋势，根据 Schwert（1989）逐步调整确定最优滞后阶数。检验结果显示，ADF 检验下 $\hat{\varepsilon}_t$ 序列在 5% 的显著性水平下拒绝原假设，PP 检验下 $\hat{\varepsilon}_t$ 序列在 1% 的显著性水平下拒绝原假设。因此可以确定 $\hat{\varepsilon}_t$ 为平稳序列，即 $\hat{\varepsilon}_t \sim I(0)$。上述结果表明，在 2018 年 1 月至 2018 年 8 月期间股份制银行的 FBY 和 BBY 之间存在协整关系。

（四）城商行的检验

第一步，对城商行模型进行回归得到如下结果，模型两个系数的估计值均在 1% 的显著性水平下通过检验。

$$BBY_t = -0.358\ 5 + 0.823\ 2FBY_t + \varepsilon_t$$

$$R^2 = 0.827\ 2$$

第二步，对上述方程的残差进行单位根检验，检验结果如表 4-29 所示：

表 4-29　城商行 EG-ADF 模型残差的单位根检验

检验类型	检验对象	T 值	显著性水平		
			1%	5%	10%
ADF	模型残差	-3.640***	-3.506	-2.889	-2.579
PP	模型残差	-6.923***	-3.505	-2.889	-2.579

对残差进行单位根检验，含常数项但不含时间趋势，根据 Schwert（1989）逐步调整确定最优滞后阶数。检验结果显示，ADF 检验和 PP 检验下 $\hat{\varepsilon}_t$ 序列均在 1% 的显著性水平下拒绝原假设。因此可以确定 $\hat{\varepsilon}_t$ 为平稳序列，即 $\hat{\varepsilon}_t \sim$ I(0)。上述结果表明，在 2018 年 1 月至 2018 年 8 月期间城商行的 FBY 和 BBY 之间存在协整关系。

（五）农商行的检验

第一步，对农商行模型进行回归得到如下结果，模型系数在 1% 的显著性水平下通过检验，常数项在 5% 的显著性水平下通过检验。

$$BBY_t = 0.390\ 3 + 0.730\ 2FBY_t + \varepsilon_t$$

$$R^2 = 0.778\ 0$$

第二步，对上述方程的残差进行单位根检验，检验结果如下表所示：

表 4-30　农商行 EG-ADF 模型残差的单位根检验

检验类型	检验对象	T 值	显著性水平		
			1%	5%	10%
ADF	模型残差	-3.682***	-3.506	-2.889	-2.579
PP	模型残差	-4.089***	-3.505	-2.889	-2.579

对残差进行单位根检验，含常数项但不含时间趋势，根据 Schwert（1989）逐步调整确定最优滞后阶数。检验结果显示，ADF 检验和 PP 检验下 $\hat{\varepsilon}_t$ 序列均在 1% 的显著性水平下拒绝原假设。因此可以确定 $\hat{\varepsilon}_t$ 为平稳序列，即 $\hat{\varepsilon}_t \sim$ I(0)。上述结果表明，在 2018 年 1 月至 2018 年 8 月期间农商行的 FBY 和 BBY 之间存在协整关系。

（六）EG-ADF 模型结论

从上述四种类型银行的 EG-ADF 检验可以看出，四种类型银行的 BBY 和 FBY 之间均存在协整关系，且接近 1 的系数和较大的 R^2 显示，BBY 和 FBY 之间协整关系十分强烈。因此可以认为，非保本理财收益率与保本理财收益率之间存在长期一致趋势。以上考察的是长期关系，但是考虑到监管政策的短期影响，所以研究非保本对保本理财产品收益率的带动作用，还需考察两者之间的短期关系。如下建立误差修正模型（ECM）来考察两类产品收益率变动的短期影响。

三、基于误差修正模型（ECM）的短期关系检验

误差修正这个术语最早是由 Sargen（1964）提出的，但是误差修正模型基本形式的形成是在 1978 年由 Davidson、Hendry、Srba 和 Yeo 提出的，因此又被称为 DHSY 模型。通常的经济模型表述的是变量之间的一种"长期均衡"关系，而实际经济数据却是由"非均衡过程"生成的。因此，建模时需要用数据的动态非均衡过程来逼近长期均衡的过程。最常用的误差修正模型（ECM）仍然是依据 Engle 和 Granger（1981）两步法，具体可参见高铁梅《计量经济分析方法与建模》的详细陈述。与上一节相同，这一节依然选择 2008 年 12 月至 2018 年 8 月的四种类型银行月度平均收益率进行实证分析。样本选择、数据处理方面均与上一节相同，选取 2008 年 12 月至 2018 年 8 月的月度时间序列数据。

（一）建立模型

第一步，运用上节的模型：

$$BBY_t = \beta_0 + \beta_1 FBY_t + \varepsilon_t$$

其中，BBY_t 代表保本理财产品收益率，FBY_t 代表非保本理财产品收益率，ε_t 为误差项，待估计的参数分别为 β_0、β_1。这一步即上节的协整回归。得到 $\hat{\beta}_0$、$\hat{\beta}_1$ 及 $\hat{\varepsilon}_t$ 序列：

$$\hat{\varepsilon}_t = BBY_t - \hat{\beta}_0 - \hat{\beta}_1 FBY_t$$

第二步，建立误差修正模型：

$$\Delta BBY_t = \beta_0 + \alpha \hat{\varepsilon}_{t-1} + \beta_1 \Delta FBY_t + u_t$$

再用 OLS 方法估计其参数。

由上可知，误差修正模型不再单纯地使用变量的水平值（变量的原始值）或变量的差分建模，而是把两者有机地结合在了一起，充分利用这两者所提供的信息。从短期看，被解释变量的变动是由较稳定的长期趋势和短期波动所决

定的，短期内系统对于均衡状态的偏离程度的大小直接导致波动振幅的大小。从长期看，协整关系式起到引力线作用，将非均衡状态拉回到均衡状态。

（二）回归结果

运用 ECM 模型对四种类型进行检验，结果如表 4-31 所示：

表 4-31　不同类型银行 ECM 模型检验结果

变量	国有大行模型	股份制银行模型	城商行模型	农商行模型
ECMt-1	−0.231 226 5 *** (−3.73)	−0.217 944 5 *** (−3.36)	−0.213 283 7 *** (−3.14)	−0.301 286 9 *** (−3.95)
△FBY	1.028 722 *** (−10.9)	0.753 668 6 *** (−7.34)	0.452 376 5 ** (−2.2)	0.482 126 4 *** (−4.25)
截距项	0.005 648 6 (−0.28)	0.013 737 5 (−0.76)	0.018 079 (−0.85)	0.007 087 1 (−0.29)
A−R^2	0.507 1	0.338 9	0.177 1	0.187 8
N	115	107	107	107

注：股份制银行、城商行、农商行模型均剔除了前 10 个月数据，即 2008 年 12 月至 2009 年 9 月的数据。

根据 EG-ADF 模型的长期关系检验结果，不同类型银行 BBY 和 FBY 的回归系数在 0.73~1.10，体现了商业银行保本理财产品收益率和非保本理财产品收益率之间的紧密联系。在误差修正模型中，差分项反映了短期波动的影响。保本理财收益率（BBY）的短期变动可以分为两个部分：一部分是短期非保本理财产品收益率（FBY）波动的影响；一部分是 BBY 偏离长期均衡的影响。误差修正项 ECMt-1 的系数反映了对偏离长期均衡的调整力度。从四种类型银行的回归结果来看，当短期波动偏离长期均衡时，国有大行、股份制银行、城商行、农商行将分别以（−0.23、−0.22、−0.21、−0.30）的调整力度将非均衡状态拉回到均衡状态。

（三）ECM 模型结论

四种类型银行的非保本和保本理财产品收益率存在短期关系。非保本理财产品收益率的短期波动能够影响到保本理财产品的收益率，同时当保本理财产品收益率偏离长期均衡值时，存在从非均衡状态回到均衡状态的动力。

第六节　模型总结

本章主要结论有：

（1）在政策平稳期，国有大型银行、股份制银行、城市商业银行非保本和保本理财收益率与市场利率、产品期限、金融体系流动性均具有基本一致的协整关系。市场利率、产品期限和金融体系流动性一般具有与理财产品收益率同向的变动关系。在政策抑制期，各类型银行理财变量系统协整关系不尽一致，市场利率从对理财产品收益率的影响明显减弱，部分模型的逻辑关系与理论上的状态出现不一致性，表明了重大监管政策出台对商业银行理财产品收益率变动逻辑产生明显影响。

（2）在其他条件不变的情况下，重大监管政策短期（即政策抑制期）降低了非保本理财收益率，非保本理财产品收益率下降带动保本理财收益率下降。这表明2009年至2018年资管新规出台之前，重大监管政策仅是短期影响，并未影响收益率的长期变动逻辑。

（3）由于数据持续至2018年8月，且自2018年4月及之后 Policy 均取值为0，各类银行门限回归结果显著，表明2018年资管新规的抑制效应持续至今。

（4）结合监管政策主要针对的是非保本理财产品，而同时保本理财产品收益率存在门限效应，说明政策冲击对保本理财产品也产生了影响。原因主要是非保本理财收益率的带动作用，非保本理财产品与保本理财产品收益率均有长期稳定的协整关系，亦存在短期的传导效应，针对表外理财或非保本理财的监管政策会通过传导关系影响到保本理财产品。从 EG-ADF 模型和 ECM 模型分别运用于四种类型银行的回归结果可以看出，保本理财产品收益率会受非保本理财产品收益变动的传导影响。四类银行的非保本理财产品收益率和保本理财产品收益率存在长期关系和短期关系。非保本理财产品收益率的短期波动能够影响到保本理财产品的收益率，同时当保本理财产品收益率偏离长期均衡值时，存在从非均衡状态回到均衡状态的动力。

（5）在过去近10年内，监管政策出台后确实对商业银行人民币理财产品的收益率产生了短期的抑制效应，但并未产生长期实质性的影响；产品期限、市场利率是理财产品收益率的重要决定因素，金融体系流动性变化亦能够对收益率产生影响。对于第（2）、（3）点的结论，我们将在第六章做更进一步的验证。

第五章　监管政策变迁背景下商业银行理财产品模式创新演变

在第四章，本书已经通过建立不同类型商业银行理财产品收益率的影响因素模型，以实证研究的方式发现了重大监管政策出台带来的短期抑制效应，但同时也证明了，过去多年监管政策很快被商业银行创新所突破。由于商业银行理财业务创新主要在表外或非保本产品领域，所以研究商业银行理财产品模式的创新实际就是研究非保本产品的模式创新。更进一步来说，表外理财产品投资标准化资产并不受限制，所以过去多年，模式创新主要是通过一种模式实现非标准化资产或高收益资产或权益类等资产的配置。在这一章，我们将从规范的角度，继续探索商业银行与监管政策的博弈，探索具体的模式创新演变，更进一步了解短期抑制效应之后，商业银行如何通过模式创新达到突破监管的目的。在这里必须明确指出，从逻辑关系上看该模式创新也是理财产品收益率的重要影响因素，其特殊性在于，模式创新的过程往往就是与监管政策博弈的过程，因此，有必要在第四章的基础上对监管政策变迁与商业银行理财产品模式创新二者的内在联系、相互博弈，以及模式创新如何突破监管政策而对收益率产生影响，从定性、定量两个方面进行深入研究。依据监管政策变迁，主要考察三个历史阶段：第一阶段是规范信贷通过理财出表，第二阶段是银信合作理财的进一步规范，第三阶段是银监会8号文出台后对非标投资的限制。另外还进一步对2018年资管新规出台之前的创新理财模式进行了研究。

第一节　2009年12月规范银信合作的信贷资产出表前后

一、早期的合作模式

银信理财合作是指银行将理财计划项下的资金交付信托，由信托公司担任受托人并按照信托文件的约定进行管理、运用和处分的行为①，由此形成的理财产品被称为银信合作理财产品。在银信理财合作出现之前，商业银行和信托公司的合作主要是四个方面：一是资金收付、结算和代销信托产品。与一般企业一样，信托公司开办业务需在银行开立账户，业务资金往往需要通过银行账户进行结算。信托业务还需开立信托专户，银行可以代理信托公司信托产品的销售并代收代付资金。二是同业资金交易、现券交易及授信。商业银行和信托公司作为金融同业，可以互为交易对手，在银行间市场开展资金交易和现券买卖业务。三是托管业务的合作。商业银行根据信托公司的委托，对信托公司发行的信托计划，按照双方签订的协议，提供信托资产保管、资金运用监督、投资交易监督以及会计核算、资金汇划等服务的合作。四是业务拓展领域的合作。主要共同拓展客户，对项目进行考察、评估的合作，共同开展融资业务。双方可以分别为对方的融资客户提供担保。

自 2004 年光大银行推出第一款银信合作理财产品之后，银信合作理财业务兴起并在之后几年迅速发展。随着 2006 年、2007 年股市升温，以直接投资股市打新股的理财产品大量出现，但 2008 年之后，证监会发布规定禁止银信理财产品参与打新股，导致打新股银信理财产品发行量骤减。2007 年至 2008 年上半年货币政策收紧，加上信贷管控，2008 年下半年虽然转为适度宽松，但信贷规模调控仍然严格，商业银行信贷规模受到严格限制。在这种情况下，商业银行存在通过银信合作方式腾挪信贷规模或绕开信贷规模限制提供融资的动力。据统计，2008 年年末银行理财产品规模超过 1.5 万亿元，同比增长近50%，其中 50% 以上为银信合作类产品②。在《中国银行业监督管理委员会2009 年报》中，银监会指出"部分银行业金融机构为规避资本监管、计提拨备等要求，通过设计发行信贷资产类理财产品，将存量贷款、新增贷款等转出表外"。此举导致"虽然贷款已转出资产负债表，银行依然承担贷后管理、到期收回等实质上的法律责任和风险，却因此减少资本要求，并逃避相应的准备金计提，潜在风险不容忽视"。

为规范银信开展业务合作的经营行为，促进业务规范有序发展，保护参与主体的合法权益，2008 年 12 月 4 日，银监会出台了《银行与信托公司业务合作指引》（以下简称《指引》）。其中明确规定：银行不得为银信理财合作涉及的信托产品及该信托产品项下财产运用对象等提供任何形式的担保；信托公

---

① 参见《银行与信托公司业务合作指引》（2008 年 12 月）第六条。
② 邢成：《规范化与制度化：2009 年银信合作新特征——〈银行与信托公司业务合作指引〉解读》，《中国金融》2009 年第 4 期。

司投资于银行所持的信贷资产、票据资产等资产的，应当采取买断方式，且银行不得以任何形式回购①。《指引》要求资产转让应当真实出表，在一定程度上抑制了"假出表"行为。另外在这一时期，刚性兑付、资金池、期限错配模式产生。

（1）刚性兑付。多年来，从购买者角度，商业银行发行的理财产品都是作为存款替代品出现，天然被视为更高收益率的存款。从商业银行角度，在利率市场化未完成背景下，存在"高息揽储"的动力，通过市场化投资获得高于存款的收益，同时承诺给客户固定收益，还能享受超额留存收益。政策上，2005年银监会颁布了《商业银行个人理财业务管理暂行办法》，其中允许理财产品的投资收益和风险承担由客户或双方按照合同约定的方式分配，预期收益率的产品模式并未被政策所限制，商业银行留存超额收益亦在政策范围内。

（2）资金池和期限错配。实际操作中，理财资金的募集和可投资资产往往难以一一对应，为获取最大化的收益，最终形成了滚动发售、集合运作、期限错配、分离定价的模式。在这一模式下，理财产品发售往往期限较短，所投资资产期限较长，商业银行可以赚取期限利差。但由于资金和资产无法一一对应，难以确定每一产品具体的投向，使得具体产品和实际风险出现分离。商业银行同时存在巨大的表外流动性管理风险，而且表外的流动性管理往往需要表内流动性管理的协助，相应也存在理财产品风险由表外向表内转移的压力。

二、合作模式演变和产生原因

《指引》发布后，"假出表"行为受到抑制，但是商业银行通过形式上的合规仍然规避了监管政策的限制，出现了两种模式：①银行将理财资金对接信托计划，间接再投资于自身信贷资产或票据资产的模式；②信贷等资产转让"双买断"模式。

（一）借用信托通道实现自身信贷资产转让出表模式

这一模式是指商业银行发行理财产品募集资金，对接信托公司发行的单一资金信托计划，由信托计划购买商业银行自身的信贷或票据等资产，从而实现出表。信托公司取得收益权，向受益人分配收益。借用信托通道实现信贷资产转让出表模式，由于信贷或票据等资产、实际资金提供都掌握在商业银行手中，在这一业务中，信托公司仅承担了通道功能。具体结构如图5-1。

---

① 参见《银行与信托公司业务合作指引》（2008年12月）第二十六条和二十七条。

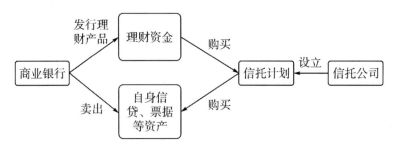

图 5-1　商业银行自身信贷资产转让出表模式

（二）信贷资产的"双买断"模式

在《指引》明确信托公司投资于银行所持的信贷资产、票据资产等资产的，应当采取买断方式，且银行不得以任何形式回购[1]，为规避政策的限制，商业银行创新"双买断"模式。即，商业银行在进行信贷资产转让时签订两个条约，一个是当期的买断合同，另一个是远期的回购合同。在这一安排下，转让方由于"卖断"合同使得资产出表，而受让方由于持有回购合同，也无需将该资产计入表内，所以作为交易标的的信贷资产"凭空消失"，不再体现在双方的资产负债表中，从而逃离监管。2009 年，在《指引》出台之后，通过"双买断"模式转让信贷资产的情况明显增多，国有大型银行、股份制银行往往是资产的转出方，城商行、农商行、农信社等往往是资产的受让方，这主要是因为中小型金融机构往往无法获取大型优质项目，所以倾向于接受国有大型银行、股份制银行的优质资产转让，由于回购协议的存在，"双买断"可提高转入方的盈利水平却不必计入风险资产，实际操作中转入方几乎不承担任何风险。

正是由于上述规避监管政策的创新模式出现，在 2009 年年底，银监会进一步发布了《关于进一步规范银信合作有关事宜的通知》，明确规定"信托公司不得将银行理财对接的信托资金用于投资理财资金发行银行自身的信贷资产或票据资产[2]"。2009 年 12 月 23 日，银监会发布《关于规范信贷资产转让及信贷资产类理财业务有关事项的通知》，明确规定商业银行在进行信贷资产转让时，转出方自身不得安排任何显性或隐性的回购条件；禁止资产转让双方采取签订回购协议、即期买断加远期回购协议等方式规避监管[3]。事实上，113

---

[1]　参见《银行与信托公司业务合作指引》（2008 年 12 月）第二十七条。

[2]　参见《关于进一步规范银信合作有关事宜的通知》（银监发〔2009〕111 号）第五条。

[3]　参见《关于规范信贷资产转让及信贷资产类理财业务有关事项的通知》（银监发〔2009〕113 号）第四条。

号文是在继 111 号文"封杀"银信合作中的信贷资产转让通道后，叫停了银行同业之间的信贷资产转让"双买断"。

另外，除了上述模式和运用理财资金进行正常投资之外。还有两种新兴的模式，一个是通过信贷资产证券化出表的模式，另一个是银行理财资金对接融资类信托模式。前者可以由商业银行理财资金对接，从而实现资产表内外的转换，此类一直属于政策允许的范围；后者相当于理财资金借信托通道实现对融资客户的放款，前期政策包括《指引》、113 号文和 111 号文均进行限制。

（三）信贷资产证券化模式

信贷资产证券化是指将原本不具有流通性的信贷资产转换成为可流通证券的过程。从广义上来讲，我国的资产证券化主要有三大模式，信贷资产证券化、企业资产证券化和资产支持票据，主管部门分别对应中国人民银行和银监会（银保监会）、证监会和交易商协会。在这一部分，研究的是商业银行表内信贷资产的出表，所以对应的是信贷资产证券化。信贷资产证券化一般是银行业金融机构作为发起机构，将信贷资产信托给受托机构，由受托机构以资产支持证券的形式向投资机构发行受益证券，以该财产所产生的现金支付资产支持证券收益的结构性融资活动[1]，从原理上讲，可进行资产证券化的信贷资产种类包括企业贷款、票据资产、住房抵押贷款、汽车贷款、消费信贷、信用卡账款等各类信贷资产。

业务模式上，包括商业银行在内的银行业金融机构作为发起机构，将符合监管标准的信贷资产组合形成资产包，以 SPT（特殊目的信托）形式信托给受托机构（信托公司），由其在银行间债券市场公开发行信贷资产支持证券，资产包产生的现金流作为支付给投资者的收益。在实际操作过程中，商业银行可以通过发行理财产品募集资金，用以对接信托计划，但这种方式相对于借用信托通道实现信贷资产出表模式更为间接，商业银行积极性一般。另外，从合作双方来看，商业银行处于强势，在整个业务中处于主导地位，信托公司相对弱势，信托报酬率较低，积极性也不高。从外部环境来看，商业银行进行资产证券化需要使用优质资产，这些资产本身违约风险低，经风险调整后收益率高，将优质资产在进行复杂的程序转换为证券，并不能改善商业银行的资产质量。如果将劣质资产进行证券化，那么商业银行将面临不可控的风险，美国的次贷危机已经充分证明了这一点，所以监管部门也较为谨慎。

（四）信托贷款银信合作模式

信托贷款银信合作模式主要不是以信贷资产出表为目的，而是理财资金对

---

[1] 参见《信贷资产证券化试点管理办法》第二条。

接信托公司发行的信托计划，由信托计划对商业银行客户进行信托贷款的活动，这一模式可以说是非标准化债权投资兴起的起点。与信贷资产转让出表模式的区别在于，信贷资产转让是将存量信贷资产盘活，而信托贷款银信合作模式是商业银行通过信托通道发放表外贷款，这样可以减少商业银行表内贷款规模受限的压力，为下一步新增贷款腾出空间。这一时期，以信托贷款和信贷资产转让为主的融资类产品成为银信合作理财的主流，规模上占据银信合作理财的大部分份额。

从业务模式（如图5-2所示）上看，由商业银行发行理财产品募集资金，对接信托公司发行的信托计划，然后由信托计划发行信托贷款给商业银行客户。在这一过程中，由于融资主体为商业银行的客户，发放信托贷款的资金来源于商业银行发行的理财产品，实际的贷款尽职调查、授信管理、贷后风险控制等均由商业银行来承担，信托公司在其中仅承担了通道职能。虽然信托公司仅获得了很低的通道费用，但由于付出的实际成本并不多，所以存在较强的拓展通道业务的动力。

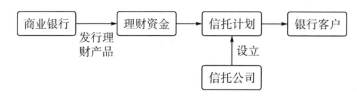

图 5-2　融资类银信合作模式

三、产生原因

上述模式产生的原因主要有：一是做大信贷资产的需求。由于客户信贷需求旺盛，在信贷宏观调控下，信贷规模受到限制，将表内信贷资产转移至表外，能够腾出信贷规模满足客户需求。二是调节资产负债表或应对监管考核的需求。如信贷资产转让出表模式，很多时候是为了应对监管考核，如存贷比、资本充足率等达标，此类业务往往在产品到期后由商业银行自有资金回购。三是获取最大的收益。作为市场化经营主体，商业银行存在利润最大化的激励。四是利率市场化为商业银行理财产品创新提供了原动力。允许商业银行发行自主定价的理财产品是利率市场化的重要一步，为商业银行创新提供了客观条件。

第二节　2010 年 8 月规范银信合作理财业务前后

一、进一步规范银信合作理财

虽然 2009 年底 111 号文和 113 号文出台之后，商业银行自身信贷资产转让出表和"双买断"模式被禁止逐渐消失；但是，由于 111 号文限制的是"信托公司不得将银行理财对接的信托资金用于投资理财资金发行银行自身的信贷资产或票据资产"，商业银行之间通过互相合作，通过理财资金对接信托计划购买对方的信贷资产或票据资产，从而实现了政策的突破。这一新模式与商业银行自身信贷资产转让出表模式唯一不同在于，新模式下，信贷或票据资产来自其他银行，两家银行通过互相购买信贷或票据资产即可实现出表。在这里，信贷或票据等资产、实际资金提供都掌握在商业银行及其合作银行手中，信托公司仍然仅承担了通道职能。另一方面，由于信托贷款银信合作模式未被限制，上述两类业务呈现快速增长趋势。据相关统计，银信理财合作规模在 2009 年 9 月末尚不足 6 000 亿元，但是到了 2010 年 7 月已突破 2 万亿元。

为避免表外贷款对信贷规模调控的"对冲"，以及控制银行资产表外化潜藏的风险，2010 年 7 月初银监会电话通知暂停银信合作理财业务，8 月 10 日正式下发《关于规范银信理财合作业务有关事项的通知》（银监发〔2010〕72 号，以下简称 72 号文），72 号文事实上是 2009 年 111 号文、113 号文的延续，是对银信合作理财业务的进一步规范。2010 年 9 月 7 日，银监会颁布《信托公司净资本管理办法》对信托公司资本风险进行控制。上述政策实施后，银信合作业务增长出现回落。据中国信托业协会数据，截至 2011 年 3 季度末，银信合作业务规模为 1. 67 万亿元，较 2010 年 7 月出现了明显下降，但仍然占信托公司资金信托计划规模的 42.45%①。

72 号文主要内容：一是信托公司开展银信理财合作业务，信托产品期限均不得低于一年；二是融资类业务余额占比不得高于 30%，已超标的信托公司应立即停止开展该项业务，直至达到规定比例要求；三是信托公司信托产品均不得设计为开放式；四是商业银行和信托公司开展投资类银信理财合作业务，其资金原则上不得投资于非上市公司股权；五是商业银行应严格按照要求将表外资产在两年内转入表内，并按照 150% 的拨备覆盖率要求计提拨备，同时大

---

① 数据来源：《2011 年 3 季度末信托公司主要业务数据》，中国信托业协会。

型银行应按照 11.5%、中小银行按照 10% 的资本充足率要求计提资本。根据 72 号文定义，融资类银信理财合作业务包括但不限于信托贷款、收入信贷或票据资产、附加回购或回购选择权的投资、股权质押融资等类资产证券化业务[①]。《信托公司净资本管理办法》的主要内容：一是信托公司净资本不得低于人民币 2 亿元；二是净资本不得低于各项风险资本之和的 100%；三是净资本不得低于净资产的 40%[②]。

二、规避 72 号文和信托公司净资本管理办法的创新

72 号文和信托公司净资本管理办法限制了以信贷资产转让新模式和信托贷款银信合作模式的融资类银信合作规模。同时，监管部门要求将银信合作表外资产在两年内转入表内，并明确了较高的拨备和风险资本计提标准，使得上述融资类银信合作理财业务模式难以为继。但是，商业银行通过改变产品结构，或在银信合作链条中引入非银行金融机构规避融资类业务定义，或利用特定形式改变风险资本权重，在不同程度上削弱或规避了监管政策的限制。

（一）投资类或者组合类银信理财合作模式

为削弱监管政策的影响，商业银行和信托公司在银信融资类合作模式基础上进行了交易结构的创新，变相地突破了监管的约束。采用的模式主要有两种，第一种是投资类银信理财合作模式（图 5-3），首先银行客户以其自有财产设立财产信托，然后银行运用理财资金购买财产信托，银行客户最终获得类似贷款性质的资金，这一模式表面上区别于银信合作的融资类业务，但实质却无本质区别。

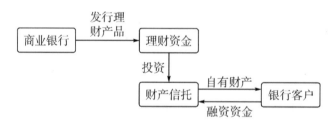

图 5-3　投资类银信合作理财模式

第二种模式是采用通过组合类银信合作模式（见图 5-4）突破政策限制。

---

① 参见《关于规范银信理财合作业务有关事项的通知》（银监发〔2010〕72 号）第三条、第四条、第五条、第七条。

② 参见《信托公司净资本管理办法》第十五条、第十六条。

在这一模式中，商业银行发行含有信贷资产投向的组合类银信合作理财产品，投向中还包括债券、票据等其他类资产。从类别上，该模式不再属于融资类业务，从而突破了"融资类业务余额占比不得高于30%"的限制；同时从交易结构的形式上，该模式又属于集合信托计划，从而规避了融资类银信合作理财单一信托计划的定义。

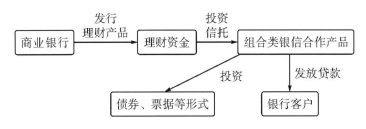

图 5-4　组合类银信合作理财模式

另外，由于商业银行理财端并未要求与信托产品期限匹配，所以商业银行可以通过滚动发行理财产品的方式对接信托计划，从而使得"信托公司开展银信理财合作业务，信托产品期限均不得低于一年"效果不佳。

（二）在银信理财合作中引入第三方

根据上文，72号文要求信托公司融资类业务实行余额管理，即"融资类业务余额占比不得高于30%"。单一资金信托关系中引入过桥企业，即理财资金不再直接对接信托产品，而是通过受让过桥企业信托受益权的方式，间接对接信托，最终实现对客户放贷的目的。根据72号文，银信理财合作业务是指"商业银行将客户理财资金委托给信托公司，由信托公司担任受托人并按照信托文件的约定进行管理、运用和处分的行为"，在该定义中，信托计划的委托人为商业银行，所以引入第三方发起设立信托计划，转让信托受益权的操作模式不在72号文的限制范围内。另外，监管部门要求规定时间内的理财资金通过信托计划受让信贷或票据资产、发放信托贷款等融资类业务转入表内，而信托受益权的三方模式并不在范围之内。引入第三方（或多方）的合作模式（见图5-5）变相地突破了监管政策限制。其中，商业银行处于主导地位，第三方和信托公司均处于"通道"位置，第三方在整个链条中，发挥两种作用：一是承担过桥的作用，作为规避政策的一环，接受理财资金购买信托资产，同时将信托资产的受益权转让给银行理财。二是拉长融资链条，使得整个模式更为复杂，从而隐匿融资类业务的实质。

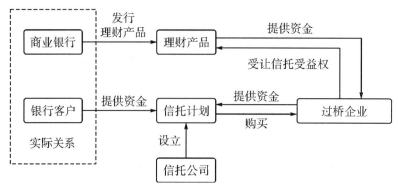

图 5-5　引入非银行金融机构的银信合作理财模式

（三）改变信托形式节约风险资本计算系数①

通过改变信托形式达到节约风险资本计算系数的方式并非银信合作理财的主流模式，但仍然在一定程度上削弱了政策的实际影响。按照银监会规定，除TOT和股票受益权投资信托业务外，其他受益权投资信托业务原则上应按照融资类业务计算风险资本②。所以，如果将银信合作理财产品转化为TOT或股票受益权投资信托业务，那么就可以削弱风险资本的约束。按照相关政策，若产品以单一资金信托形式，相比于最高的集合资金信托2%的风险资本计算系数，单一资金信托可以降低至0.8%，从而大幅地减少了净资本占用。此类产品一般采取结构化的模式（见图5-6），商业银行持有信托受益权或收益权的优先端。

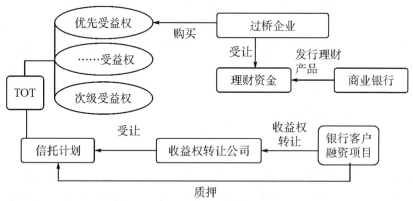

图 5-6　改变信托形式节约风险资本计算系数的银信合作理财模式

---

① 卢川：《中国影子银行运行模式研究——基于银信合作视角》，《金融发展评论》，2012年第2期。

② 参见《关于印发信托公司净资本计算标准有关事项的通知》（银监发〔2011〕11号）第三条。

上述模式的银信合作理财产品包括融资项目的收益权信托和股权收益权信托等，一般采用以 TOT 或收益权信托的产品形式，或利用信用增级措施，设立信托计划进行受益权的结构化分层，最终商业银行受让其中的优先级部分，信托计划承诺在信托期结束前赎回，保证受益权信托或收益权信托的投资收益。

三、其他创新模式

一系列监管推动了商业银行不断进行理财产品设计的创新，规避或绕过监管的模式层出不穷。上文提到的模式均为某一类型业务的基本模式，具体操作中还有许多针对具体情况的设计。另外，除上述模式，还存在其他模式。例如为规避 72 号文，2011 年商业银行曾尝试运用理财资金直接发放委托贷款，其中理财产品作为委托人，委托本行或他行向指定的融资客户发放委托贷款，不过在监管部门窗口指导下很快被叫停。另外，还有自营资金投资信托受益权模式、信托受益权卖断模式以及"代销"模式等，监管和创新的博弈不断上演。由于监管的节奏远远跟不上金融创新步伐，商业银行理财业务在与监管的博弈中不断壮大。

第三节 2013 年 4 月规范理财投资运作前后

72 号文之后，资管市场逐步进入新发展时期，尤其在 2012 年鼓励证券公司和基金公司资产管理业务创新的相关政策文件出台之后，资管市场呈现新的繁荣之势。这一时期的理财创新，商业银行不再局限于与信托公司合作，证券公司资管部或子公司（以下称"券商资管"）、基金子公司接过了信托公司的接力棒。保险资管公司由于资金来源充足，并不依赖于商业银行，加上保险资管投资受限仍较大，通道业务价值对其来说明显偏低，商业银行与保险资管公司在资管业务领域总体上竞争要大于合作。在新的市场博弈中，银行和保险成为主要的资金提供者，保险资管成为保险资金的重要管理者，而信托、券商资管、基金子公司则更多扮演了投资银行，即金融产品创设者的角色，将各种资产转化为产品。

一、券商资管和基金子公司

2012 年 5 月，证监会召开了一次影响深远的会议，即证券公司创新发展研讨会。会议强调服务实体经济，鼓励金融创新，希望通过创新解决"融资难、融资贵"的问题，从而提升对经济的支持力度。同年 10 月，证监会颁布"一法两则"，即《证券公司客户资产管理业务管理办法》《证券公司集合资产管理业务实施细则》《证券公司定向资产管理业务实施细则》。在此前几天，9 月 26 日，证监会发布第 83 号令，公布了修订通过的《基金管理公司特定客户资产管理业务试点办法》，自 2012 年 11 月 1 日实施；10 月 31 日正式发布《证券投资基金管理公司子公司管理暂行规定》，自 2012 年 11 月 1 日实施。自此，证券公司资管部或子公司（券商资管）、基金子公司正式加入资管市场。但是，商业银行仍是资金和资产的主要提供者，证券公司、基金公司更多扮演新通道的角色。

自此之后，商业银行理财创新进入新的繁荣时期，此前银监会针对银信合作理财的一系列监管政策效应基本被突破，一方面很多业务可以通过新的通道继续存在，另一方面原有的银信合作可以被"银证信"合作绕过。

2012 年 6 月，保险投资改革创新闭门讨论会召开，13 项保险投资新政面世，涉及保险资金管理范围和保险投资渠道两大方向，意味着保险资金投资范围扩大，且打破了与银行、证券、保险等机构资管产品之间的藩篱，实现了产品之间的互投和资管业务领域的对接。其中，允许基金公司、证券公司加入受托管理保险资金的队伍，允许保险公司投资证券公司发起设立的集合资产管理计划、信托公司的集合资金信托计划、商业银行发起的信贷资产支持证券及保证收益型理财产品。但保险资管公司资金来源充足，并不依赖于商业银行，加上保险资管投资受限仍较大，通道业务价值对其来说明显偏低，商业银行与保险资管公司在资管业务领域的竞争大于合作。

二、券商资管、基金子公司加入后的商业银行理财创新

（一）银行和券商资管合作模式创新

近年来，银证合作的创新业务快速发展，交易结构也越来越复杂，主要的基本交易模式有三类。一是理财资金对接集合资产管理计划。由证券公司发行集合资产管理计划，商业银行购买优先级，其他资金方购买劣后级。证券公司按照法律规定和委托人的约定进行投资。二是理财资金对接定向资产管理计划。商业银行将募集的理财资金对接证券公司发行的定向资产管理计划，并要求定向资产管理计划购买指定资产的模式，含信贷类、票据类等。三是"银证信"合作的类贷款业务。商业银行借道证券公司发行的定向资产管理计划，然后再对接信托计划，由信托计划对特定客户放宽的融资模式。后两种一般为通道业务。

以下是几种基本的交易模式：

银证合作的基本模式（见图 5-7）。72 号文和《信托公司净资本管理办法》限制了以信贷资产转让新模式和信托贷款银信合作模式的融资类银信合作规模。同时，监管部门要求将银信合作表外资产在两年内转入表内，并按照10.5%的比例计提风险资本和按照 150% 的标准计提拨备，使得上述融资类银信合作理财业务模式难以为继。但是，在证券公司加入资管市场后，由于其发行的资管计划未受到限制，原商业银行理财资金对接信托计划的模式，可以改为对接券商资管发行的定向资产管理计划。定向资产管理计划购买资产可以是银行自己或其他行的信贷、票据资产等。

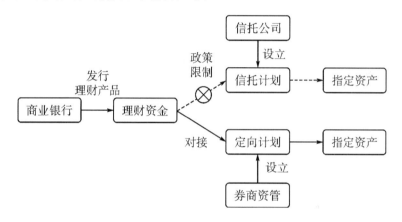

图 5-7　银证合作的基本模式

加入过桥银行的银证合作基本模式（见图 5-8）。票据资产出表经历了2009 年年底 111 号文和 113 号文的规范，以及 72 号文对银信合作融资类业务的规范之后，出表通道受限严格限制。2012 年之后，银证合作模式可以突破原有政策的限制。A 银行将贴现买入并持有的票据转让给过桥银行，A 银行发行理财产品委托证券公司定向资产管理计划向过桥银行购买上述票据资产，从而实现票据资产出表。

银证信基本合作模式（见图 5-9）。商业银行发行理财产品募集资金，投资券商资管发行的定向资产管理计划，再对接信托计划或信托受益权，从而突破了信托公司融资类业务比例限制或理财资金之间不能对接信托计划的问题。

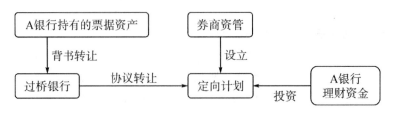

图 5-8　加入过桥银行的银证合作模式（票据投资）

图 5-9　银证信基本合作模式

另外，在具体的业务模式中，存在更多的形式和变化。以某一具体的银证信合作模式（见图 5-10）为例：企业客户向银行 A 申请融资，由于该企业资信、经营及财务状况良好，银行 A 决定满足其融资需求。但是在这一时期，银行 A 的信贷额度不足，而且也可能触及最大单一客户贷款比例不超过 10% 的监管红线；信贷资产风险权重高，直接发放贷款会大幅降低资本充足率；A 银行要稳固客户资源和追求资金收益，就必须绕过上述限制；银行 A 采用的方法就是以信托受益权为平台，由信托公司、券商资管和银行 B（合作银行）在出资方和融资方之间搭建融资通道①。

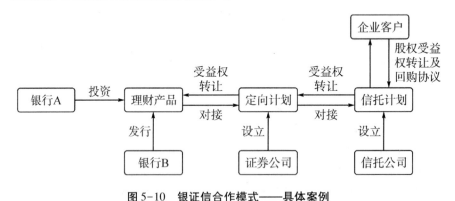

图 5-10　银证信合作模式——具体案例

---

① 梁霞：《监管与规避的博弈：信托受益权转让融资案例》，《金融发展研究》，2013 年第 4 期第 32-36 页。

尽管上述交易链条十分复杂，涉及主体众多，但交易实质是企业客户以股权质押方式获得银行 A 的信贷资金。复杂的交易结构掩盖了真实的交易目的，不仅规避了信贷规模限制，而且规避了理财产品不能直接对接信托计划的限制。在上述交易链条中：①银行 A 形式上是投资，实际是贷款。这种安排绕开了信贷额度的限制。名义上获取的是理财收益，实质获取的是贷款收益。②银行 B 形式上是理财，实际上是过桥银行。银行 B 作为交易链条中的过桥方，在交易中获得的是理财产品销售手续费。③券商资管形式上设立定向资产管理计划，实际上仍是过桥，获取的是通道费用。④信托公司形式上设立信托计划，实际上也是过桥，获取通道费用。⑤企业客户形式上使用的是信托资金，实际上追溯真正的资金来源，仍是银行资金。

（二）银行和基金子公司合作模式

银行和基金子公司的合作模式与银证合作基本类似，上述交易结构中将定向计划换成基金公司发行的专项资管计划均能够成立，在这里不再详细赘述。

基金子公司、信托公司、券商资管等具有相似的资金募集、投资管理的业务资质，但也存在一定的差异性。在法律关系上，基金子公司资管产品与信托产品类似，同属于信托关系，可以通过募集单一资金和集合资金进行投资，投资范围广泛，可以投资交易所交易的资产，也可以投资未在交易所交易的股权、债权及其他资产。早期，券商资管投向未上市的股权、债权等非标资产受到严格限制，但在后来逐步放开，与基金子公司类似，可以募集单一资金，也可能募集集合资金参与各类资产的投资，包括交易所交易的资产和未在交易所交易的资产等。

三、银监会 8 号文的核心内容及影响

（一）核心内容

2011—2013 年，商业银行通过理财资金直接或间接投资于"非标准化债权资产"的业务快速增长。在实际操作中，一些银行通过复杂的结构规避信贷规模等监管政策，且大量业务未能有效隔离风险。为此，2013 年 3 月，银监会下发《关于规范商业银行理财业务投资运作有关问题的通知》（银监发〔2013〕8 号，以下简称"8 号文"），试图约束和规范非标资产投资，防范化解潜在风险。

核心内容如下：①非标准化债权资产是指未在银行间市场及证券交易所市场交易的债权性资产，包括但不限于信贷资产、信托贷款、委托债权、承兑汇票、信用证、应收账款、各类受（收）益权、带回购条款的股权性融资等；

②商业银行应向理财产品投资人充分披露投资非标准化债权资产情况，包括融资客户和项目名称、剩余融资期限、到期收益分配、交易结构等；③商业银行应当合理控制理财资金投资非标准化债权资产的总额，理财资金投资非标准化债权资产的余额在任何时点均以理财产品余额的35%与商业银行上一年度审计报告披露总资产的4%两者之间孰低者为上限；④商业银行不得为非标准化债权资产或股权性资产融资提供任何直接或间接、显性或隐性的担保或回购承诺①。

（二）产生影响

一是有效控制了商业银行理财资金投资非标资产规模，起到了防控风险的作用。8号文之后，商业银行通过理财资金投资非标资产受到约束，理财产品非标资产规模逐渐压缩。根据银监会相关数据，截至2013年6月月末，银行理财存续规模为9.08万亿元，其中非标资产余额为2.78万亿元，比8号文出台前下降7%，所以此时非标资产占比为30.62%。而《中国银行业理财市场年度报告（2013年）》以及《中国银行业理财市场半年度报告（2014上半年）》数据显示，2013年年末和2014上半年年末非标资产占比依次下降至27.49%、22.77%。

二是大量非标资产出现由表外向表内转移的趋势。8号文之后，商业银行将表外理财资金对接的非标资产转入表内，以满足8号文的要求。方式主要是通过买入返售（卖出回购）、同业投资、应收账款投资等方式入表。商业银行同业业务快速发展，也促使后期监管部门进一步规范同业业务②。

三是为"非非标"资产投资留下可操作空间。"非非标"资产是指对照8号文关于非标资产的定义，存在争议的资产，比如结构化的资本市场业务、"明股实债"等，这些并未被列入非标资产的统计范围。而在随后2015年的牛市，这些参与资本市场和上市公司资产投资的理财模式快速增长，虽然这些业务并不一定起始于这个时期，但是在这一时期快速发展。商业银行主要通过与券商资管、基金子公司、信托计划等合作参与资本市场和上市公司资产投资的创新。

---

① 参见《关于规范商业银行理财业务投资运作有关问题的通知》（银监发〔2013〕8号）。

② 2014年5月16日，人民银行、银监会、证监会、保监会、外汇局日前联合印发《关于规范金融机构同业业务的通知》（银发〔2014〕127号），进一步规范同业业务。

四、参与"非非标"资产的创新①

(一) 参与资本市场和上市公司资产的创新

2015 年，资本市场进入繁荣时期，商业银行理财参与资本市场程度不断加深。从具体实践看，主要包括了多管理人委托投资模式、投资于两融收益权转让模式、投资于结构化定增基金模式、投资于股权收益权等 PE 类模式、通过伞形信托参与二级市场模式、投资于"新三板"基金模式等。由于商业银行一般理财产品不能直接参与资本市场，所以需要委托第三方合作机构（信托公司、券商资管、基金公司子公司）投资股权类资产，通过股权类资产转让、信托计划（或资产管理计划、专户计划）收益权转让等方式获得投资收益。以下介绍几种主要模式：

1. 股票质押式回购融资模式

股票质押式回购融资模式是指持有股票的融资主体，在合法合规条件下，将所持股票质押给金融机构，获取融资的模式。双方在合同中约定返还资金和股票解除质押的时间或条件等。上市公司大股东可将持有的上市公司股票进行质押融资，解决融资需求，除股票收益权场外质押业务之外，还可以通过各类资管进行质押融资，以及通过场内标准化交易进行质押融资。2015 年，股票质押式回购融资受到热捧，一方面是股市高估值有利于上市公司融资，另一方面是该业务办理手续较为简便。从业务模式来看，主要有三种，一是证券公司通过发债、两融收益权转让等渠道融资或使用自有资金，开展股票质押式回购融资业务。二是银行理财、信托计划，以及各类资管机构的资管计划等参与股票质押式回购融资业务。三是结构化的模式，如银行理财资金作为优先委托人，证券公司或第三方机构作为劣后委托人。如图 5-11 所示：

---

① 参考李瑞敏的《资产管理业务与资本市场相关的新投向和新形式》和袁路、李瑞敏的《资本市场相关资产：以上市公司为中心的多种价值挖掘》以及商业银行理财业务相关公开资料，前两者分别收录于《中国资产管理行业发展报告（2015）》和《中国资产管理行业发展报告（2016）》蓝皮书。

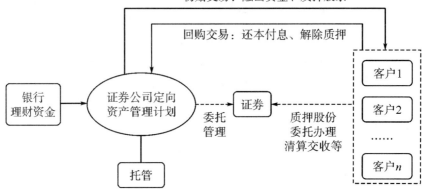

图 5-11　银行理财参与结构化质押融资业务

2. 结构化定增投资模式

上市公司出于经营需求，会通过定向增发募集资金，资管资金可通过结构化安排—参与上市公司定向增发，为上市公司解决市场资金募集不足的问题，或为定增预案中确定的投资人——上市公司母公司或大股东提供融资方案，解决融资需求，或前端介入，成为特定投资人，间接为上市公司持有股票。一是对于发售股份 12 个月不得转让的定增股票，资管资金通过结构化安排成为优先级，一年后股票解禁实现流通后，通过二级市场卖出或大宗交易等方式，实现资金的退出。二是对于上市公司确定对象发行的定向增发股票，需限售 36 个月的，由于证监会要求不得以结构化产品参与该类定向增发，资管资金可通过其他业务方案或业务组合方案提供融资服务，例如股票收益权、股票质押式回购、信托贷款等。如图 5-12 所示：

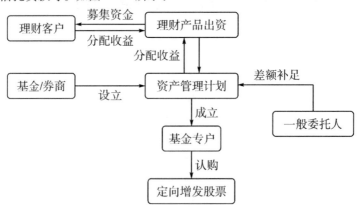

图 5-12　银行理财投资结构化定向增发业务

3. "大股东/董监高"增持模式

2015年7月8日，证监会针对"股灾"发布了《关于上市公司大股东及董事、监事、高级管理人员增持本公司股票相关事项的通知》，支持上市公司控股股东、持股5%以上股东及董事、监事、高级管理人员通过增持上市公司股份方式稳定股价。各资管机构响应救市号召，为"大股东/董监高"增持行为保驾护航。资管资金可通过两种交易模式为增持行动提供配资服务，进而帮助增持主体结合自身情况，选择合适的方式融资完成增持行为，为增持主体提供较低成本的资金，为资管业务拓展新的资产来源。在风险控制方面，资管机构是优先级受益人，增持主体认购劣后级，并严格控制配资比例、预警线和止损线。

4. 投资上市公司股权模式

在监管政策允许范围内，资管资金直接参与持有上市公司。近两年，各上市公司通过并购、重组等手段不断优化提升上市公司资产价值，直接持有股权能够在维护客户为客户提供服务的同时，直接参与上市公司的成长。业务模式上，银行理财或各类资管计划直接或间接投资上市公司股权，可由第三方企业投资劣后级，资金到期后，通过在二级市场出售该上市公司的股票，或由第三方企业远期溢价受让资管资金持有的该上市公司的股权，实现资管资金的退出。

5. 参与上市公司并购定增基金模式

2015年以来，国企改革步伐加快，中央和各省市国企改革计划陆续推出，同时随着并购重组制度和多层次资本市场的完善，集团企业利用旗下上市公司平台成立并购定增基金，以上市公司为载体，大力推广"PE+定增"和"PE+并购基金"模式，将相关优质资产注入上市公司，完成企业价值的重塑或实现整体上市，这已经成为中央和地方国资企业改革的一个重要方向。参与模式上，资管机构通过参与并购定增基金，完成目标公司锁定，最终通过IPO、上市公司资产注入或并购等方式退出，同时通过股权远期受让兜底确保资金的安全性，资管机构可通过参与企业上市获取上市后超额收益分成，提高投资收益。

6. 伞形信托投资二级市场证券模式

伞形信托通过结构化安排，使优先受益人获得稳定的投资收益，而劣后级受益人在承受高风险的同时有机会获得较高投资收益。其投资标的包括上海证券交易所、深圳证券交易所，以及银行间市场已经公开发行并挂牌交易的股票、债券、基金等。在伞形信托的业务主体中，券商往往是业务的主动发起方，为了获取更高的交易佣金，券商作为劣后资金方通过与信托公司合作设立信托计划，从而实现为客户配资。然而随着股市的快速升温，监管开始收紧伞形信托这一配资业务。具体模式如图5-13所示：

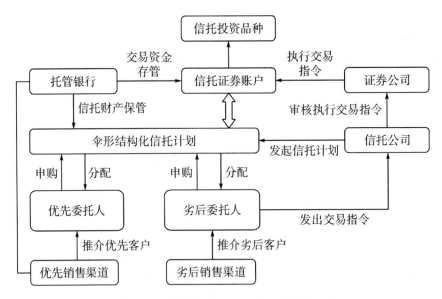

图 5-13　理财资金投资二级市场结构化证券

7."新三板"基金模式

"新三板"即"全国中小企业股份转让系统"。2014年5月19日,"新三板"证券交易和登记结算系统正式上线,拓宽了符合新三板要求企业的融资渠道。伴随着新三板持续扩容,资管机构对新三板的投资热情也不断增加。率先进军新三板的是基金公司,通过子公司或母公司专户,基金公司推出了一系列针对新三板的专项资产管理计划。

鉴于新三板较低的交易量,目前各类机构推出的资管计划多面向高净值客户募集,而对于体量较大的机构投资者而言,新三板投资"高波动性、低流动性"的特性成为其资金入市的最大阻碍。未来随着新三板市场容量的不断提升,包括做市机制的健全和连续竞价的推出,机构投资者银行理财资金可以考虑通过设置结构化风险分层、并与合作机构约定投资范围、约定投资限制等形式进入新三板市场。

8.分级基金A类份额投资和套利投资模式

分级基金是指将基金的收益与风险进行不对称分割,分成低风险优先级份额(也称"稳健型"或"A类")和高风险次级份额(也称"进取型"或"B类")。其中,低风险优先级份额的目标投资者的风险收益偏好较低,而高风险次级份额则定位于那些期望通过融资增加其投资资本额而获得超额收益、风险收益偏好较高的投资者。

分级基金 A 类份额将按照基金合同约定获取固定收益，二级市场的分级基金 A 类份额存在市价波动，但是其不直接承担基金净值的波动风险，再加上目前的分级基金大多配有向下折算机制，对 A 类份额收益起到了很好的保障作用。因此，其本质上是固定收益产品，基本不存在违约风险。此外，分级基金份额不仅能获取合同中的约定收益，而且可享受二级市场折价带来的额外投资回报。

（二）参与"明股实债"的创新

"明股实债"，即形式上为股权投资，实质为债权投资。不同于纯粹股权或债权投资方式，其一般是以股权方式获得被投资标的股权，但同时与融资方约定远期退出，采取与融资方或第三方签署回购协议，且具有固定收益条款的融资方式。本质上这一模式具有刚性兑付特征，属于保本保收益的产品模式。商业银行运用理财资金投资政府城市产业基金、PPP 项目、政府债务平衡基金、国企改革基金等领域时，基本采取的都是"明股实债"的模式。

以某银行理财资金投资城市发展基金模式（见图 5-14）为例：

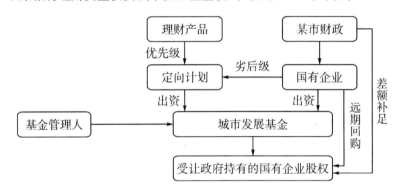

图 5-14　理财资金投资城市发展基金

第四节　2018 年资管新规出台之前商业银行理财产品体系

8 号文发布之后，虽然相关管理部门出于宏观审慎和防范风险的角度对商业银行理财业务进行管理和引导，但一直到 2018 年资管新规出台之前，再无产生重大影响的监管政策出台。资管市场产品体系逐渐成形，商业银行理财产品也已形成相对完善的体系，除了依据收益类型可以分为保本、非保本、净值型产品之外，还可以从两个维度进行分类，一是依据投资资产，二是依据服务对象。

一、依据投资资产分类

经过 15 年时间的发展，商业银行人民币理财产品的投向已涵盖了债券类资产、债权及同业类资产、股权类资产和股票类资产。在四种分类中，理财资金投向债券类资产、债权及同业类资产属于固定收益类资产的投资；而对于理财资金投资于股权类资产、股权类资产，通过协议安排和结构化的设计，事实上仍是以获取固定收益为目标，本质上仍为固定收益类资产的投资。

（一）债券类资产

投资债券类资产是指商业银行理财产品通过信托计划、券商/基金定向资产管理计划投资于债券资产，包括且不限于境内一级市场发行的和二级市场流通的国债、地方债、政策性金融债、政府支持机构债、超短期融资券、短期融资券、中期票据、企业债、中小企业集合票据、银行间定向融资工具、资产支持票据和中小企业私募债、金融机构次级债、资产证券化项目等，如表 5-1 所示。

表 5-1　理财资金投向债券类资产

类型	投资范围	投资形式
债券类资产	国债、地方债、政策性金融债、政府支持机构债、超短期融资券、短期融资券、中期票据、企业债、中小企业集合票据、银行间定向融资工具、资产支持票据和中小企业私募债、金融机构次级债、资产证券化项目等	1. 丙类账户； 2. 信托计划； 3. 券商/基金定向资产管理计划

（二）债权及同业类资产

理财资金投资债权及同业类资产具体包括投资第三方合作机构发行的结构和证券集合计划的优先受益权、货币基金、各类受/收益权、信托贷款、理财直接融资工具等，以及同业存款、同业代付、同业借款等同业资产，如表 5-2 所示。

表 5-2 理财资金投向债权及同业类资产

类型	投资范围	投资形式
债权类资产	结构化证券集合计划的优先受益权	第三方通道（券商/基金/信托公司）结构化证券集合计划的优先受益权
	货币基金	直接或通过第三方通道
	信用证权益（收益权）	直接或通过第三方通道
	应收账款收益权	通过第三方通道
	委托贷款债权收益权	通过第三方通道
	定向资产管理计划（信托贷款）	通过第三方通道（券商/基金定向资产管理计划）作为委托人发放信托贷款
	理财直接融资工具	直接投资
同业类资产	存放同业	1. 总行委托分行；2. 信托计划、券商/基金定向资产管理计划
	同业代付	总行委托分行
	同业借款	总行委托分行
	买入返售票据资产	多方合作模式
	买入返售信托计划	多方合作模式

（三）股权类资产

理财资金投资非上市公司股权主要包括投资非上市公司股权收益权、直接股权投资和投资股权基金份额三种投向。商业银行理财资金投资于非上市股权类资产，一般通过第三方通道，且最终还款人需要签署远期无条件转让协议，在协议中一般约定融资利率水平，所以事实上仍为固定收益的资产投向。如表5-3所示：

表 5-3 理财资金投向股权类资产

类型	投资范围	投资形式
股权类资产	非上市公司股权收益权	一般通过第三方通道，最终还款人签署远期无条件转让协议
	直接股权投资	
	股权基金份额	

（四）股票类资产

理财资金投资于股票类资产，主要参与股票质押式回购业务、融资融券中的融资业务、结构化定向增发业务、结构化股票业务、结构化大宗交易业务以及上市公司股权收益权等资产投资。与股权类资产相同，商业银行理财资金投资于股票类资产，通过远期回购协议或分级安排，本质上仍是获取固定收益。如表5-4所示：

表5-4　理财资金投向股票类资产

类型	投资范围	投资形式
股票类资产	股票质押式回购业务	直接投资或受让收益权，最终还款人远期回购或还款
	融资融券中的融资业务	
	上司公司股权收益权	一般投资于第三方（券商/基金定向资产管理计划或信托计划）的优先端
	结构化定向增发业务	
	结构化股票业务	
	结构化大宗交易业务	
	结构化期货业务	

二、依据客户类型分类

从客户服务角度，经过十几年的发展，商业银行已逐步形成了服务于各类经济主体投融资需求的业务类型。依据服务的客户类型，可以分为五种：一是解决地方政府资金需求，二是解决非上市企业资金需求，三是解决上市企业资金需求，四是解决非银行金融同业资金需求，五是解决个人客户资金需求。由于具体业务模式繁多，且与上文多有重叠，所以不再详细描述。在这里，仅将五种客户主要资金需求或商业银行理财资金的主要运用方向列表，如表5-5所示：

表5-5　依据客户类型分类的商业银行理财资金投向

类型	理财资金主要运用方向
解决地方政府资金需求	股权基金融资、PPP财政支持融资、政府债务过桥融资等
解决非上市企业资金需求	并购定增融资、企业资产盘活及报表优化融资、项目资本金融资、产业链整合基金融资、理财直接融资工具、私募资产证券化等

表5-5（续）

类型	理财资金主要运用方向
解决上市企业资金需求	质押式回购融资、结构化定增投资、大股东/董监高增持、直接股权投资、并购定增融资、可转换私募债等
解决非银行金融同业资金需求	股票质押式回购、定增配资、券商资产转让、股票投资配资等
解决个人客户资金需求	股票质押式回购、结构化股票配资等

第五节　本章小结

一、创新和监管的博弈

在第四章中，本书已经通过模型设定，印证了重大监管政策会对商业银行理财产品收益率带来短期抑制效应，但在更长期限内这种效应未见持续。本章通过规范的研究，可以清晰地看到，商业银行通过不断创新，突破了重大监管政策，从而实现理财资金投资于高收益资产。另外，监管主体的不一致、政策的不统一，使得商业银行理财产品创新套利成为可能。尤其是在 2012 年 5 月证监会举行"证券公司创新发展研讨会"之后，证券公司、基金公司通道业务放开，一方面使得前期银信合作规范政策效力大减，另一方面也使得多层嵌套、监管套利更加便利且"有法可依"，从而促进了商业银行理财产品模式创新的繁荣。总体来看，资管乱象源于商业银行和监管部门的博弈，监管政策跟不上商业银行理财创新步伐，也源于监管主体的不一致、政策不统一导致的监管套利。

二、低风险和固定收益的模式

商业银行传统的存贷文化，低风险低收益的经营理念，充分体现在理财产品的设计上。从上文分析可以看到，无论理财资金投向的是债券类资产、债权及同业类资产，还是股权类资产、股票类资产，甚至是其他资产，均可以通过协议安排和结构化的设计，使得理财资金获取固定收益率。总结来说，商业银行理财产品无论是投资何种资产，基本都是获取固定收益的思路。这里，需要排除商业银行发行的私人客户理财产品，这类产品属于真正的净值型产品，投资限制很少，但不是主流的产品。在本书的模型中，已剔除此类产品。

三、跨境理财投资的说明

本书的研究未包括商业银行跨境理财产品。事实上，商业银行很早已出现跨境理财产品，目前也形成了参与上市公司海外资产收购模式、参与境外IPO/配售、参与境外资本市场投资等业务模式。但是，跨境理财产品不是主流产品，同样不属于过去监管的主要产品，所以在本书中未做详细研究。

第六章 监管政策变迁背景下商业银行理财产品模式创新的经验证据

本书在第四章已经说明，由于商业银行理财业务创新主要在表外或非保本产品领域，监管政策对商业银行保本理财产品收益率的冲击主要源自非保本理财产品传导效应，而不是保本理财产品的创新受到抑制，事实上保本理财产品一直以来比较规范。所以，在本章，我们寻找监管政策变迁背景下理财产品模式创新及经验证据，主要考察的是非保本理财产品。在第五章，本书研究了产品模式创新和监管政策的博弈，商业银行通过不断创新，突破重大监管政策，从而实现理财资金投资于高收益资产，所以创新带来的效应十分显著。但是由于创新本身并不存在直接可以观察到的指标，所以需要找到度量理财产品创新力度的方法。幸运的是，本章基于两个思路找到了相应的测量方法：一是基于不同类型银行的方法。如上文已经提到的，股份制银行、城商行甚至农商行非保本理财产品的创新力度要高于国有大型银行，如果我们控制了产品期限、市场利率、金融体系流动性变化，那么收益率的差别即可表示不同类型银行创新的差异程度。二是基于不同政策效应期的方法。在控制产品期限、市场利率、金融体系流动性变化的情况下，政策平稳期与政策抑制期收益率的差异，可以表示这两个时期创新程度的差别。基于上述思路，本章将考察非保本理财产品创新的经验证据。

第一节 研究思路

如前两章所述，商业银行为规避监管政策和获取更高回报，采取了期限错配和多层嵌套投向高收益资产等诸多模式创新，但总体上，所有的创新都是以提高理财产品收益率、增强产品吸引力为目标。在第四章，我们已经从描述性统计看出国有大型银行非保本和保本理财产品平均收益率要明显低于股份制银行、城商行、农商行，监管政策出台当月及之后 3 个月内（政策抑制期）商业银行理财产品收益率，非保本和保本理财产品月均值都明显低于政策平稳期。本章我们将突破描述性统计，采取更加量化的方法测量商业银行理财产品创新力度。

一、研究对象选取

根据第四章的实证结果，EG-ADF 模型和 ECM 模型分别运用于四种类型银行的回归结果可以看出，保本理财产品收益率会受非保本理财产品收益率变动的传导影响。两者存在长期协整关系和短期变动影响关系。商业银行非保本理财产品收益率的短期变动能够影响到保本理财产品的收益率，同时当保本理财产品收益率偏离长期均衡值时，存在从非均衡状态回到均衡状态的动力。

前文已述，重大监管政策直接影响非保本理财产品，其收益率下降进一步传导至保本理财产品，从而带动保本理财产品收益率的下降。从第五章我们也看到，商业银行理财产品创新主要在表外或非保本产品领域，监管政策对商业银行保本理财产品收益率的冲击主要源自非保本理财产品传导效应，而不是保本理财产品的创新受到抑制，事实上保本理财产品一直以来是比较规范的。所以，在本章，我们研究理财产品创新效应只需要考察商业银行非保本理财产品的创新。

二、不同类型银行创新效应差异的思考

2008 年 12 月至 2018 年 8 月四种类型银行的描述性统计显示，国有大型银行非保本理财产品平均收益率要明显低于股份制银行、城商行、农商行，这可能是股份制银行、城商行、农商行理财产品相对国有大型银行产品创新力度更强的最直观信号。城商行非保本理财产品收益率显著高于股份制银行和农商行，股份制银行和农商行收益率并无十分显著的区别，表明城商行产品创新力度或激进程度为四种类型银行中最高的。但是，描述性统计没有控制产品期限、市场收益率、金融体系流动性等变量。如果我们选定某一月份的数据，控制每一个理财产品的期限，以及所处市场利率和金融体系流动性环境，那么不同类型银行发行的非保本理财产品收益率的差别即可表示不同类型银行产品创新力度的差异。

三、不同政策效应期创新效应差异的思考

2008 年 12 月至 2018 年 8 月四种类型银行的描述性统计显示，监管政策出

台当月及之后 3 个月内（政策抑制期）的商业银行理财产品收益率，非保本理财产品月均收益率都明显低于政策平稳期。具体来说，四种类型银行非保本理财产品平均收益率水平，政策抑制期要比政策平稳期下降幅度在 72BP ~ 84BP。但是需要注意的是，以上这些比较仅为理财产品收益率数据的直接比较，并未考虑产品期限、市场利率、金融体系流动性环境等因素的影响。如果我们选择一个处于政策抑制期的月份数据和一个处于政策平稳期的月份数据作为比较样本，在控制产品期限、市场利率、金融体系流动性等变量的情况下，政策平稳期与政策抑制期非保本理财产品收益率的差异，即可表示两个时期创新程度的差别。

四、模型设定的思考

在模型设定上，不同类型银行创新效应选取的是同一个月份数据，属于横截面数据；不同政策效应期选择一个处于政策抑制期的月份和一个处于政策平稳期的月份，属于混合横截面数据。但是，即使在一个月度内，每个发行的理财产品所面临的市场利率、金融体系流动性环境也会存在差别，因此需要给定每一个发行的理财产品相应市场利率和金融体系流动性环境指标，前者选取前 5 日债券（中期票据）发行利率均值作为利率环境，后者选取当周货币市场利率（隔夜 Shibor）平方作为金融体系流动性的判断指标。另外，尽管同一月份各个产品的发行日期不相同，面临外部影响因素存在细小时间差别，但是我们必须把样本视为横截面数据，也是因为严格意义上的横截面数据几乎不存在。

第二节　不同类型银行理财产品创新效应差异的检验

一、数据来源

本节基于上述研究思路，将随机抽样选取不同时期处于政策平稳期的某一月份数据，以国有大型银行为基准组，以股份制商业银行、城市商业银行、农村商业银行为对照组，设定虚拟变量作为创新力度指标的度量。这里仅选择政策平稳期的数据，而不选择政策抑制期数据作为研究标的，主要是因为在政策抑制期，重大监管政策出台对理财产品创新仍处于抑制状态，短期突破监管政策的创新模式尚未出现或尚未大规模出现，在此背景下检验不同类型银行创新力度差别不符合常理。由于以月为单位考察同一时期不同类型银行发行的非保本理财产品数据的差异，数据统计工作量巨大，所以无法对每个月的数据都进行检验。

本节选择了三个时期的月度数据：①2010 年 72 号文至 2013 年 8 号文发布之间的政策平稳期，选取月份为 2012 年 7 月；②2013 年 8 号文发布之后的政策平稳期，选取月份为 2014 年 7 月；③2018 年资管新规出台之前的政策平稳期，选取月份为 2017 年 7 月。必须认为某一月份发行的理财产品为横截面数据，不同时点面临的金融体系流动性、市场利率环境差异是一场特殊条件下的试验。

各类型银行样本选取：国有大型银行选取中国工商银行、中国农业银行、中国银行、中国建设银行，样本为其在选取月份发行的人民币非保本理财产品；股份制银行选取招商银行、兴业银行、浦发银行、民生银行、中信银行，样本为其在选取月份发行的人民币非保本理财产品；城市商业银行北京银行、宁波银行、南京银行、江苏银行，样本为其在选取月份发行的人民币非保本理财产品；农村商业银行选取北京农商行、上海农商行、重庆农商行、深圳农商行，样本为其在选取月份发行的人民币非保本理财产品。

在原始数据处理方面：①原始数据均来源于 Wind 数据库；②删除外币理财产品；③剔除不含收益率的数据；④剔除少量无期限理财产品或超长期限产品（如 1 年半以上）理财产品。⑤市场利率、金融体系流动性环境指标根据需要进行计算而得。经筛选，2012 年 7 月最终获得 744 条观测值；2014 年 7 月最终获得 1 604 条观测值；2017 年 7 月最终获得 2 544 条观测值。

二、指标选取和变量定义

如前文所述，商业银行理财产品主要受市场利率变化、产品期限、金融体系流动性变化影响，不断出台的监管政策亦产生重要影响。由于选取指标均处于政策平稳期，所以可以不考虑监管政策的影响。如上所述，以国有大型银行为基准组，以股份制银行、城市商业银行、农村商业银行为对照组，设定虚拟变量代表创新力度。控制变量为市场利率、产品期限和金融体系流动性，如表 6-1 所示：

表 6-1 不同类型银行创新检验变量定义表

变量	代码	定义
因变量		
非保本理财产品收益率	FBY	单个非保本理财产品收益率
自变量		
国有大型银行	SOB	当理财产品为国有大型银行发行时，取值 1；否则取值 0

表6-1(续)

变量	代码	定义
股份制银行	JSB	当理财产品为股份制银行发行时，取值1；否则取值0
城市商业银行	UCB	当理财产品为城市商业银行发行时，取值1；否则取值0
农村商业银行	RCB	当理财产品为农村商业银行发行时，取值1；否则取值0
控制变量		
产品期限	MT	单个非保本理财产品期限
市场利率	MKTR	前3日、5日或10日中期票据发行加权平均利率，主要依据模型拟合效果选取
金融体系流动性	LQDT	当周隔夜Shibor日均利率的平方

三、描述性统计

2012年7月描述性统计数据（见表6-2）显示，国有大型银行非保本理财收益率均值为4.12%，为四种类型银行均值最低，城商行最高，股份制银行、农商行次之。四种类型银行非保本理财收益率最小值为2.80%，最大值为6.50%。理财产品期限方面，城商行非保本理财产品期限均值最高，为131天；其次是国有大型银行，为109天，股份制银行、农商行均不足90天。样本数共计744个，其中国有大型银行323个、股份制银行273个、城商行94个、农商行54个，如图6-1所示：

表6-2　2012年7月不同类型商业银行非保本理财产品描述性统计

银行类型	变量	最小值	最大值	均值	中位数	标准差	样本数
国有大行（SOB）	FBY	2.80	6.10	4.12	4.10	0.424	323
	MT	30	546	109	70	100.002	
股份制银行（JSB）	FBY	3.30	6.00	4.58	4.60	0.407	273
	MT	7	371	81	58	73.069	
城商行（UCB）	FBY	2.90	5.30	4.61	4.80	0.491	94
	MT	7	365	131	91	107.134	

表6-2(续)

银行类型	变量	最小值	最大值	均值	中位数	标准差	样本数
农商行 （RCB）	FBY	3.60	6.50	4.53	4.50	0.546	54
	MT	31	360	83	76	56.198	
市场环境	MKTR	4.335	5.064	4.667	4.717	0.244	—
	LQDT	5.651	8.329	6.998	7.994	1.173	

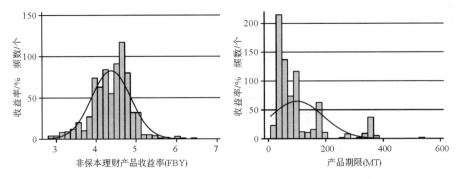

图6-1　2012年7月非保本理财产品和产品期限柱状图

2014年7月描述性统计数据（见图6-3）显示，国有大型银行非保本理财收益率均值为4.87%，为四种类型银行均值最低，其他类型银行收益率均值都超过5%，城商行为5.65%，股份制银行为5.40%，农商行为5.35%。四种类型银行非保本理财收益率最小值为2.70%，最大值为6.50%。理财产品期限方面，城商行非保本理财产品期限均值最高，为157天；其次是国有大型银行，为128天，农商行为115天，股份制银行为84天。样本数共计1 604个，其中，国有大型银行412个、股份制银行733个、城商行387个、农商行72个。如图6-2所示：

表6-3　2014年7月不同类型商业银行非保本理财产品描述性统计

银行类型	变量	最小值	最大值	均值	中位数	标准差	样本数
国有大行 （SOB）	FBY	2.70	5.90	4.87	4.90	0.41	412
	MT	30	549	128	95	98	
股份制银行 （JSB）	FBY	3.10	6.10	5.34	5.40	0.36	733
	MT	7	371	84	63	71	

表6-3(续)

银行类型	变量	最小值	最大值	均值	中位数	标准差	样本数
城商行 （UCB）	FBY	3.71	6.50	5.68	5.65	0.34	387
	MT	31	546	157	98	126	
农商行 （RCB）	FBY	4.80	6.20	5.40	5.35	0.30	72
	MT	42	360	115	97	66	
市场环境	MKTR	5.664	6.521	6.142	6.315	0.301	—
	LQDT	8.821	10.926	10.307	10.503	0.661	

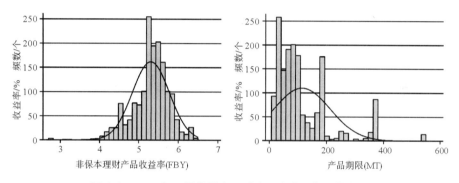

图6-2　2014年7月非保本理财产品和产品期限柱状图

2017年7月描述性统计数据（见表6-4）显示，国有大型银行非保本理财收益率均值为4.51%，为四种类型银行均值最低，城商行最高，为5.02%，农商行为4.70%，股份制银行为4.58%。四种类型银行非保本理财收益率最小值为1.80%，最大值为8.45%。理财产品期限方面，城商行非保本理财产品期限均值最高，为150天；其次是国有大型银行，为136天，农商行为135天，股份制银行为86天。如图6-3所示。样本数共计2 544个，其中国有大行1 296个、股份制银行647个、城商行455个、农商行146个。上述3个月份的数据可以看出，市场利率和金融体系流动性变量指标较高时，这一时期的理财产品收益率均值也会较高。

表 6-4　2017 年 7 月不同类型商业银行非保本理财产品描述性统计

银行类型	变量	最小值	最大值	均值	中位数	标准差	样本数
国有大行（SOB）	FBY	1.80	8.00	4.51	4.60	0.565	1 296
	MT	26	505	136	100	93.634	
股份制银行（JSB）	FBY	3.85	8.45	4.58	4.70	0.494	647
	MT	7	365	86	84	74.058	
城商行（UCB）	FBY	4.55	5.50	5.02	5.00	0.189	455
	MT	31	484	150	98	105.562	
农商行（RCB）	FBY	4.30	5.20	4.70	4.65	0.200	146
	MT	32	366	135	112	93.139	
市场环境	MKTR	5.315	5.897	5.453	5.415	0.126	—
	LQDT	6.822	7.812	7.141	6.866	0.313	

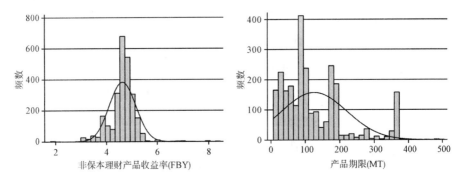

图 6-3　2017 年 7 月非保本理财产品和产品期限柱状图

四、回归结果分析

本节采用最小二乘模型对样本数据进行稳健回归，用虚拟变量体现不同类型银行，虚拟变量的系数即代表创新力度的差异，其中国有大型银行作为基准组。同时建立两个模型：模型（6-1）在控制产品期限、市场利率、金融体系流动性变量的情况下，使用理财产品收益率对各类型银行虚拟变量进行稳健回归；模型（6-2）仅控制产品期限，使用理财产品收益率对各类型银行虚拟变量进行稳健回归。具体如下：

$$FBY_i = \beta_0 + \beta_1 JSB_i + \beta_2 UCB_i + \beta_3 RCB_i + \beta_4 MT_i +$$
$$\beta_5 MKTR_i + \beta_6 LQDT_i + \varepsilon_i \quad\quad (6-1)$$

$$FBY_i = \beta_0 + \beta_1 JSB_i + \beta_2 UCB_i + \beta_3 RCB_i + \beta_4 MT_i + \varepsilon_i \qquad (6-2)$$

不同类型银行创新检验变量的含义如表6-1所示，其中 i 表示全部类型银行发行的第 i 个理财产品。由于一个月内市场利率变化较小，金融体系流动性变化相对也不大，所以预计两个模式虚拟变量的回归系数结果相差不大，即较短时期内这两个变量对收益率变化解释有限。

（一）2012年7月

2012年7月数据的回归结果显示：模型（6-1）JCB、UCB、RCB 的回归系数分别为0.57、0.42、0.49，均通过1%水平的显著性检验；模型（6-2）JCB、UCB、RCB 的回归系数分别为0.59、0.43、0.47，也都通过了1%水平的显著性检验。这也反映了1个月内，理财产品发行所处的利率环境和流动性环境基本稳定，这两个指标对不同类型银行收益率变化的解释力度有限。综合来看，无论是加入市场利率和金融体系流动性变量的模型，还是仅考虑产品期限的模型，在这一时期股份制银行理财产品创新力度最强，然后是农商行，之后是城商行，作为基准组，国有大型银行产品创新力度明显偏弱。模型（6-1）中金融体系流动性变量系数不显著，市场利率变量系数显著，表明市场利率仍是重要的影响因素。两个模型产品期限变量均十分显著，且实际影响较大。结合变量单位，同样可以得出，不同类型银行创新力度差异和产品期限是理财产品收益率变化的主要原因。如表6-5所示：

表6-5　2012年7月份非保本理财产品稳健性回归检验

变量	模型（1）系数	T值	模型（2）系数	T值
JSB	0.574 804 6 ***	24.6	0.585 141 4 ***	23.98
UCB	0.421 047 6 ***	8.56	0.432 352 9 ***	8.65
RCB	0.488 339 8 ***	8.26	0.469 669 3 ***	7.87
logMT	0.383 988 6 ***	21.79	0.382 491 ***	21.22
MKTR	0.293 173 4 ***	6.9	——	——
LQDT	0.013 981 4	1.3	——	——
constant	0.944 207 9 ***	4.11	2.435 278 ***	29.26
A-R²	0.595 8		0.571 9	
OBS	744		744	

（二）2014年7月

2014年7月数据的回归结果显示：模型（6-1）JCB、UCB、RCB 的回归系数分别为 0.60、0.79、0.53，均通过 1% 水平的显著性检验；模型（6-2）JCB、UCB、RCB 的回归系数分别为 0.60、0.78、0.52，均通过 1% 水平的显著性检验。模型（6-1）中的市场利率变量系数为正，通过 1% 水平的显著性检验，金融体系流动性变量系数为负，通过 5% 水平的显著性检验。正常状态下，金融体系流动性指标与理财产品收益率正相关，但在此例中，可能受市场利率相关性较强的影响，或者是由于该变量在考察月份变异程度小，不足以影响到理财产品定价。但总体上，这两个变量的回归系数均较小，对理财产品收益率的影响有限。在这一时期，无论是加入市场利率和金融体系流动性变量的模型，还是仅考虑产品期限的模型，都显示出城商行理财产品创新力度最强，然后是股份制银行，之后是农商行，作为基准组，国有大型银行产品创新力度最弱。结合变量单位，可以得出，不同类型银行创新力度差异和产品期限是理财产品收益率变化的主要原因。如表 6-6 所示：

表 6-6 2014 年 7 月份非保本理财产品稳健性回归检验

变量	模型（1）系数	T 值	模型（2）系数	T 值
JSB	0.603 603 6 ***	32.32	0.598 837 2 ***	31.88
UCB	0.792 662 5 ***	32.37	0.785 063 2 ***	32.06
RCB	0.532 289 9 ***	16.23	0.524 922 2 ***	16.08
logMT	0.236 763 5 ***	20.5	0.236 653 2 ***	20.01
MKTR	0.087 230 1 ***	2.78	—	—
LQDT	−0.034 469 4 **	−2.49	—	—
constant	3.590 261 ***	11.89	3.778 598	71.19
A-R^2	0.571 4		0.561 5	
OBS	1 604		1 604	

（三）2017 年 7 月

2017 年 7 月数据的回归结果显示：模型（6-1）JCB、UCB、RCB 的回归系数分别为 0.27、0.49、0.19，均通过 1% 水平的显著性检验；模型（6-2）JCB、UCB、RCB 的回归系数分别为 0.27、0.49、0.19，均通过 1% 水平的显著性检验。模型（6-1）中的市场利率变量和金融体系流动性变量系数均不显著。原因可能是在该月份内，这两个变量的变异程度较小，表 6-4 显示，两个变量在该月份的标准差分别为 0.126、0.313，表明变异程度确实很小，所以对理财产品收益率差异的解释能力有限，相应模型中的回归系数也很小。综合来看，在这一时期，无论是加入市场利率和金融体系流动性变量的模型，还是仅考虑产品期限的模型，都显示出城商行理财产品创新力度最强，其次是股份制银行，之后是农商行，作为基准组，国有大型银行产品创新力度最弱。结合变量单位，同样可以得出，不同类型银行创新力度差异和产品期限是理财产品收益率变化的主要原因。如表6-7所示：

表6-7 2017年7月份非保本理财产品稳健性回归检验

变量	模型（1）系数	T值	模型（2）系数	T值
JSB	0.265 889 3 ***	11.26	0.267 192 7 ***	11.31
UCB	0.491 060 7 ***	27.72	0.489 027 9 ***	28.05
RCB	0.188 591 5 ***	8.2	0.189 300 4 ***	8.28
logMT	0.266 636 9 ***	31.31	0.267 166 9 ***	31.45
MKTR	0.097 376 3	1.37	—	—
LQDT	−0.005 690 9	−0.21	—	—
constant	2.773 089	5.51	3.260 278	68.36
A−R^2	0.317 6		0.317 2	
OBS	2 544		2 544	

五、模型总结

（1）商业银行理财产品创新力度是影响理财产品收益率的重要变量。

（2）短期内（模型为1个月），不同类型银行创新力度差异和产品期限是商业银行理财产品收益率变化的主要原因，市场利率和金融体系流动性短期变异有限，所以对理财产品收益率影响有限。但是，为避免混淆，仍需补充说明的是，在第四章长期协整关系研究中，市场利率和金融体系流动性具有较高的变异程度，所以长期看这两个变量是商业银行理财产品收益率的重要影响因素。

（3）股份制银行、城商行、农商行理财产品创新力度均强于国有大型银行。较早时期，股份制银行创新力度最强，后期逐步被城商行超越。近期理财产品创新力度或激进程度排序为：城商行、股份制银行、农商行、国有大型银行。

（4）模型未包含吸引或留住客户等商业银行具体的经营策略因素，当然这些因素本身无法量化，但在实际的经营中，某些理财产品的收益率确实与商业银行经营策略存在相关性，模型未被解释的部分很可能与此相关。

第三节　不同政策效应期理财产品创新差异的检验

一、数据来源

根据第四章的研究结论，在 2018 年资管新规出台之前的年份，重大监管政策发布当月及之后 3 个月内对商业银行发行的非保本理财产品收益率具有明显的抑制效应，超出这一时间后，重大监管政策的作用基本消失，即监管政策效应仅持续了近 4 个月时间。这表明在政策抑制期产品创新受到明显影响，但随着商业银行进一步的创新，逐步进入新的政策平稳期，监管政策作用明显下降。基于上述研究，本书可以从另外一个角度找到创新的经验证据，即选取处于政策抑制期月份数据作为基准组，选取政策抑制期过后的政策平稳期月份作为对照组，以虚拟变量来度量非保本理财产品创新的效应。在本节，我们将选取政策抑制期第 2 个月（政策出台当月为第 1 个月）作为基准组，选取政策出台后的第 5 个月、第 6 个月分别作为对照组对创新力度进行考察。

各类型银行样本与第二节相同，国有大型银行包括中国工商银行、中国农业银行、中国银行、中国建设银行；股份制银行包括招商银行、兴业银行、浦发银行、民生银行、中信银行，两种类型银行样本均选取 2009 年 12 月银监会规范信贷资产出表后，对应的政策抑制期选取月份 2010 年 1 月和政策平稳期选取月份 2010 年 4 月和 5 月，2010 年 72 号文对应的政策抑制期选取月份 2010 年 9 月和政策平稳期选取月份 2010 年 12 月和 2011 年 1 月，2013 年 8 号文对应的政策抑制期选取月份 2013 年 4 月和政策平稳期选取月份 2013 年 7 月和 8 月。城商行与农商行由于较早时期月度发行非保本理财产品数量较少，所以仅考察 2010 年 72 号文对应的政策抑制期选取月份 2010 年 9 月和政策平稳期选取月份 2010 年 4 月和 5 月，城商行包括北京银行、宁波银行、南京银行、江苏银行，农商行包括北京农商行、上海农商行、重庆农商行、深圳农商行。

原始数据处理方面：①原始数据均来源于 Wind 数据库；②删除外币理财产品；③剔除不含收益率的数据；④剔除少量无期限理财产品或超长期限产品（期限明显超过 1 年）理财产品；⑤市场利率、金融体系流动性环境指标根据需要进行计算而得。模型仍将政策抑制期和政策平稳期月份市场利率、金融体系流动性作为控制变量。

二、指标选取和变量定义

本节的变量定义与第二节形式类似，但含义不尽相同。第二节各变量对应的是所有类型银行，如所有类型银行的非保本理财产品收益率，是运用同一模型对所有类型银行分不同时期进行回归。本节是运用同一模型分别对不同类型银行进行回归，变量为某一类型银行的数据。虚拟变量的设定完全不同，本节虚拟变量定义为，当某一类型银行发行的非保本理财产品处于政策平稳期时，取值 1，处于政策抑制期时取值 0。本节的主要思想是考察同一类型银行在不同政策效应期创新力度的差别，第二节的主要思想是考察不同类型银行在同一时期创新力度的差别。变量定义表具体如表 6-8 所示：

表 6-8　不同政策效应期创新检验变量定义表

变量	代码	定义
因变量		
非保本理财产品收益率	FBY	单个非保本理财产品收益率
自变量		
政策平稳期	Period	当处于政策平稳期时，取值 1；当处于政策抑制期时取值 0
控制变量		
市场利率	MKTR	前 3 日或 5 日中期票据发行加权平均利率
产品期限	MT	单个非保本理财产品期限，logMT 为对数值
金融体系流动性	LQDT	当周隔夜 Shibor 日均利率的平方

三、描述性统计

样本舍弃了超长期限的非保本理财产品，原因是即使少数几个超长期限产品也能够明显影响模型的拟合效果。这并不难理解，例如几个 3 年期的产品，能够明显提升样本的期限均值，对模型影响较大。事实上，超长期限理财产品数量占比小，不是主流产品，剔除它有助于提升模型的拟合效果。例如，以 2013 年 8 月 Wind 统计的商业银行发行的人民币理财产品为例，明显超过 1 年期限的（大于 372 天）的理财产品仅为 30 个，占全部发行产品数量的 0.84%。

表 6-9 是对不同类型银行选取月份发行的非保本理财产品收益率的描述性统计。主要有以下特点：①多数时候处于政策抑制期的非保本理财产品收益

率均值、中位数低于政策平稳期，但也存在个别例外情况；②股份制银行、城商行、农商行非保本理财产品收益率高于国有大型银行；③产品发行数量，国有大型银行和股份制银行要明显高于城商行和农商行；④较早时期发行的非保本理财产品收益率偏低，这与商业银行理财产品的不断创新有关。

表 6-9　不同效应期非保本理财收益率描述性统计

银行类型	变量	最小值	最大值	均值	中位数	标准差	样本数
国有大行 FBY	2010 年 1 月	1.60	3.95	2.57	2.56	0.617	40
	2010 年 4 月	1.65	7.20	2.87	2.75	0.823	116
	2010 年 5 月	1.80	4.00	2.45	2.30	0.540	127
	2010 年 9 月	1.80	3.80	2.44	2.40	0.406	114
	2010 年 12 月	1.85	4.80	3.06	3.00	0.670	192
	2011 年 1 月	1.75	7.00	3.34	3.23	0.789	220
	2013 年 4 月	3.00	5.20	4.18	4.20	0.320	346
	2013 年 7 月	4.00	6.05	4.73	4.70	0.321	719
	2013 年 8 月	4.00	6.20	4.78	4.80	0.341	751
股份行 FBY	2010 年 1 月	1.70	4.10	2.92	2.90	0.613	39
	2010 年 4 月	1.70	4.90	3.29	3.20	0.731	107
	2010 年 5 月	2.00	4.40	3.10	3.20	0.735	94
	2010 年 9 月	1.75	4.70	2.86	2.80	0.465	161
	2010 年 12 月	1.34	6.00	3.43	3.40	0.594	142
	2011 年 1 月	1.34	6.00	3.67	3.68	0.680	186
	2013 年 4 月	3.20	7.50	4.50	4.50	0.487	379
	2013 年 7 月	3.20	6.30	4.89	4.90	0.536	391
	2013 年 8 月	3.20	5.90	4.79	4.85	0.430	418
城商行 FBY	2013 年 4 月	4.40	5.15	4.72	4.70	0.171	158
	2013 年 7 月	4.50	5.80	5.01	5.00	0.189	194
	2013 年 8 月	4.70	5.60	5.07	5.05	0.205	191

表6-9（续）

银行类型	变量	最小值	最大值	均值	中位数	标准差	样本数
农商行 FBY	2013 年 4 月	3.80	6.50	4.47	4.50	0.437	62
	2013 年 7 月	4.20	5.80	4.85	4.85	0.316	60
	2013 年 8 月	4.10	5.70	4.78	4.80	0.306	69

表6-10 是对不同类型银行选取月份发行的非保本理财产品期限的描述性统计。主要有以下特点：①超短期产品只有国有大型银行和股份制银行发行，主要原因是城商行、农商行表外资金和资产管理能力有限；②非保本理财产品期限均值、中位数基本在 3~4 个月，股份制银行非保本理财产品发行期限在 2013 年要明显低于 2010 年和 2011 年。③政策抑制期和政策平稳期发行的非保本理财产品并未能直接观察到期限变化的规律。④样本舍弃了超长期限的非保本理财产品，所以描述性统计不能体现超长期限理财产品期限情况。

表 6-10 不同效应期非保本理财产品期限描述性统计

银行类型	变量	最小值	最大值	均值	中位数	标准差	样本数
国有大行 MT	2010 年 1 月	7	365	117	91	100	40
	2010 年 4 月	7	367	148	91	127	116
	2010 年 5 月	7	365	91	54	98	127
	2010 年 9 月	3	355	61	32	65	114
	2010 年 12 月	1	365	72	36	89	192
	2011 年 1 月	3	365	96	59	106	220
	2013 年 4 月	31	370	127	90	104	346
	2013 年 7 月	31	370	141	112	99	719
	2013 年 8 月	31	373	144	117	100	751

表6-10(续)

银行类型	变量	最小值	最大值	均值	中位数	标准差	样本数
股份行 MT	2010 年 1 月	7	365	133	89	116	39
	2010 年 4 月	7	375	184	126	136	107
	2010 年 5 月	7	367	151	92	128	94
	2010 年 9 月	7	375	112	76	106	161
	2010 年 12 月	3	365	101	61	106	142
	2011 年 1 月	3	372	101	58	111	186
	2013 年 4 月	4	373	99	63	96	379
	2013 年 7 月	7	367	80	62	72	391
	2013 年 8 月	7	383	93	63	82	418
城商行 MT	2013 年 4 月	33	365	152	99	109	158
	2013 年 7 月	31	367	136	91	107	194
	2013 年 8 月	33	366	149	98	107	191
农商行 MT	2013 年 4 月	31	373	90	70	81	62
	2013 年 7 月	32	365	87	85	61	60
	2013 年 8 月	33	366	103	91	82	69

四、回归结果分析

本节采用最小二乘模型对样本数据进行稳健回归,用虚拟变量体现不同政策效应期,虚拟变量的系数即代表创新带来的收益率差异或产品创新突破监管政策的力度。由于一个月内市场利率变化较小,金融体系流动性变化相对也不大,所以预计较短时期内这两个变量对收益率的影响不大。模型如下:

$$FBY_i = \beta_0 + \beta_1 Period_i + \beta_2 MT_i + \beta_3 MKTR_i + \beta_4 LQDT_i + \varepsilon_i \qquad (6-3)$$

$$FBY_i = \beta_0 + \beta_1 Period_i + \beta_2 MT_i + \varepsilon_i \qquad (6-4)$$

不同政策效应期创新检验变量解释如表6-8所示,其中 i 表示某一类型银行发行的第 i 个理财产品。从回归结果可以看出,除某 1 月份特例之外,政策平稳期的收益率要明显高于政策抑制期。

(一) 2009 年 12 月规范信贷资产出表的政策抑制期和政策平稳期分析

2009 年 12 月,银监会相继发布《关于进一步规范银信合作有关事宜的通知》（银监发〔2009〕111号）和《关于规范信贷资产转让及信贷资产类理财业务有关事项的通知》（银监发〔2009〕113号），规范银信合作信贷资产出表行为。运用加入虚拟变量的多元回归模型可以检验政策抑制期和政策平稳期商业银行理财产品创新行为的变化。将2010年1月和4月国有大型银行发行的非保本理财产品数据（模型由于技术原因舍弃了LQDT）进行回归，结果显示：Period、logMT变量系数分别为0.20、0.48，且分别在5%和1%水平下通过显著性检验，表明政策平稳期国有大型银行非保本理财产品收益率显著高于政策抑制期，MKTR在短期内变异程度有限，系数较小且不显著，表明较短时期内对收益率影响不大。

同样，将模型运用于2010年1月和5月的政策效应检验，但结果显示Period的回归系数不显著，产品期限变量（logMT）显著。回到原始数据，我们发现，2010年5月份个别国有大型银行大量发行了超短期理财产品，从而带来了收益率下降。2010年1月和4月发行的非保本理财产品1月及以内期限产品占比均在23%左右，而2010年5月这一比例为32%。仅看这一时期的数据，尚难明确看出政策平稳期商业银行理财产品创新突破政策限制的效应。但在考察多个时期以及其他类型银行多个时期之后，可以看到2010年5月仅为个案存在。如表6-11所示：

表6-11　国有大型银行政策效应（2009年111号文发布后）检验

变量	2010年1月 VS 2010年4月		2010年1月 VS 2010年5月	
	系数	T值	系数	T值
Period	0.202 114 8 **	0.2	−0.013 160 7	−0.17
logMT	0.481 203 1 ***	16.74	0.470 780 3 ***	21.62
MKTR	−0.053 265 1	0.09	−0.083 784 6	−0.58
LQDT	—	—	—	—
constant	0.735 397 6	0.57	0.915 527 7	1.42
A−R^2	0.675 4		0.775 6	
OBS	169		167	

将2010年1月和4月股份制银行发行的非保本理财产品数据进行回归，结果显示，Period、logMT变量系数分别为0.31、0.65，且均在1%水平下通过显著性检验，表明政策平稳期（2010年4月）股份制银行非保本理财产品收益率显著高于政策抑制期（2010年1月），MKTR短期内变异程度有限，系数

较小且不显著，表明较短时期内市场利率对收益率影响不大；由于两个时期的金融体系流动性状况差异较大，所以对收益率产生了明显影响，LQDT 的回归系数为 0.26，且在 10%的水平通过显著性检验，表明金融体系流动性紧张提高了理财产品收益率。

将 2010 年 1 月和 5 月股份制银行发行的非保本理财产品数据进行回归，结果显示，Period、logMT 变量系数分别为 0.33、0.60，且均在 1%水平下通过显著性检验，表明政策平稳期（2010 年 5 月）股份制银行非保本理财产品收益率显著高于政策抑制期（2010 年 1 月），MKTR 短期内变异程度有限，系数较小且不显著，表明较短时期内市场利率对收益率影响不大。两个时期的金融体系流动性仍然对收益率有影响，LQDT 的回归系数为 0.06，且在 5%的水平下通过显著性检验，但回归系数明显低于 1 月和 4 月的回归结果，表明金融体系流动性紧张对产品收益率产生了一定影响，但不是主要的影响因素。如表 6 -12 所示：

表 6-12　股份制银行政策效应（2009 年 111 号文发布后）检验

变量	2010 年 1 月 VS 2010 年 4 月		2010 年 1 月 VS 2010 年 5 月	
	系数	T 值	系数	T 值
Period	0.306 093 6 ***	3.78	0.326 517 ***	3.37
logMT	0.645 080 1 ***	18.57	0.597 039 6 ***	21.78
MKTR	0.129 521 6	1.31	0.140 056 3	0.99
LQDT	0.258 283 5 *	1.69	0.060 319 5 **	2.06
constant	-0.248 518 5	-0.49	-0.322 565 7	-0.52
A-R^2	0.828 4	0.836 4		
OBS	146	133		

（二）2010 年 72 号文的政策抑制期和政策平稳期分析

2010 年 8 月，银监会发布《关于规范银信理财合作业务有关事项的通知》（银监发〔2010〕72 号），9 月发布《信托公司净资本管理办法》，进一步规范银信合作理财业务。运用上述模型可以考察这一时期创新行为的变化。将 2010 年 9 月和 12 月国有大型银行发行的非保本理财产品数据进行回归，结果显示：Period、logMT 变量系数分别为 0.50、0.21，且均在 1%水平下通过显著性检验，表明政策平稳期（2010 年 12 月）股份制银行非保本理财产品收益率显著高于政策抑制期（2010 年 9 月），MKTR 短期内变异程度有限且不显著，表明较短时期内市场利率并不是收益率的影响因素。LQDT 回归系数显著，但绝对水平不高，表明金融体系流动性对理财产品收益率产生影响但并非主要影响因素。

将 2010 年 9 月和 2011 年 1 月国有大型银行发行的非保本理财产品数据进行回归，结果显示，Period、logMT 变量系数分别为 0.47、0.26，且均在 1% 水平下通过显著性检验，表明政策平稳期（2011 年 1 月）国有大型银行非保本理财产品收益率显著高于政策抑制期（2010 年 9 月）。MKTR 和 LQDT 变量回归系数与"9 月 VS 12 月"组情况基本相同，表明短期市场利率对收益率影响不大，但两个时期金融体系流动性对收益率有影响，但不是主要因素。如表 6-13、表 6-14 所示：

表 6-13　国有大型银行政策效应（2010 年 72 号文发布后）检验

变量	2010 年 9 月 VS 2010 年 12 月		2010 年 9 月 VS 2011 年 1 月	
	系数	T 值	系数	T 值
Period	0.500 396 8***	3.23	0.469 800 3***	2.47
logMT	0.214 166 9***	8.55	0.255 695 2***	6.02
MKTR	−0.137 860 6	−1.37	0.123 421	0.83
LQDT	0.052 152***	7.80	0.008 846 3***	3.43
constant	2.053 828***	5.00	1.021 582*	1.73
A-R^2	0.446 8		0.430 0	
OBS	306		334	

表 6-14　股份制银行政策效应（2010 年 72 号文发布后）检验

变量	2010 年 9 月 VS 2010 年 12 月		2010 年 9 月 VS 2011 年 1 月	
	系数	T 值	系数	T 值
Period	0.546 443 6***	4.31	0.263 162 6*	1.68
logMT	0.299 096 1***	10.33	0.279 225 9***	9.87
MKTR	−0.032 8	−0.40	0.396 718 5***	2.97
LQDT	0.022 309 8***	2.99	0.005 464**	2.16
constant	1.645 268***	4.73	0.097 612 8	0.19
A-R^2	0.528 2		0.526 7	
OBS	303		347	

这里需要说明，由于 2010 年 1 月、4 月、5 月以及 2010 年 9 月、12 月、2011 年 1 月，城商行和农商行发行的非保本理财产品数量太少，所以无法运用上述模型对规范信贷资产出表和 72 号文的政策效应进行有效的回归分析。

（三）2013 年 8 号文的政策抑制期和政策平稳期分析

2013 年 3 月，银监会下发《关于规范商业银行理财业务投资运作有关问题的通知》（银监发〔2013〕8 号），约束和规范理财资金投资非标资产行为。将 2013 年 4 月、7 月国有大型银行发行的非保本理财产品数据进行回归，结果显示：Period、logMT 变量系数分别为 0.46、0.29，且均在 1% 水平下通过显著性检验，表明政策平稳期（2013 年 7 月）股份制银行非保本理财产品收益率显著高于政策抑制期（2013 年 4 月），MKTR 短期内变异程度有限且不显著，表明较短时期内市场利率并不是收益率的影响因素。LQDT 回归系数在 5% 水平下显著但较小，表明金融体系流动性对理财产品收益率产生影响但并非主要影响因素。

将 2013 年 4 月、8 月国有大型银行发行的非保本理财产品数据进行回归，结果显示，Period、logMT 变量系数分别为 0.50、0.33，且均在 1% 水平下通过显著性检验，表明政策平稳期（2011 年 8 月）国有大型银行非保本理财产品收益率显著高于政策抑制期（2013 年 4 月）。MKTR 回归系数不显著，LQDT 系数为负但在 10% 水平下通过显著性检验，但由于系数绝对值很小，所以无须做进一步解读。总体上，在控制产品期限变量后，产品创新是两个时期收益率出现差异的决定因素。这一时期产品创新大概影响国有大型银行非保本理财产品 0.50% 左右的收益率。如表 6-15 所示：

表 6-15　国有大型银行政策效应（2013 年 8 号文发布后）检验

变量	2013 年 4 月 VS 2013 年 7 月		2013 年 4 月 VS 2013 年 8 月	
	系数	T 值	系数	T 值
Period	0.456 701 8 ***	17.89	0.500 751 9 ***	19.02
logMT	0.288 291 7 ***	25.57	0.332 342 8 ***	32.41
MKTR	0.013 355 7	0.46	0.105 468 4 ***	4.52
LQDT	0.009 802 1 **	2.50	-0.006 646 8 *	-1.94
constant	2.737 712 ***	16.59	2.172 279 ***	15.71
A-R^2	0.656 3		0.718 4	
OBS	1 065		1 097	

将 2013 年 4 月、7 月股份制银行发行的非保本理财产品数据进行回归，结果显示：Period、logMT 变量系数分别为 0.37、0.39，且均在 1%水平下通过显著性检验，表明政策平稳期（2013 年 7 月）股份制银行非保本理财产品收益率显著高于政策抑制期（2013 年 4 月），MKTR 回归系数不显著，表明短时期内市场利率并不是收益率的影响因素。LQDT 回归系数在 5%水平下显著但较小，表明金融体系流动性对理财产品收益率产生影响但并非主要影响因素。

将 2013 年 4 月、8 月股份制银行发行的非保本理财产品数据进行回归，结果显示，Period、logMT 变量系数分别为 0.32、0.40，且均在 1%水平下通过显著性检验，表明政策平稳期（2011 年 8 月）股份制银行非保本理财产品收益率显著高于政策抑制期（2013 年 4 月）。MKTR 和 LQDT 的回归系数不显著，表明短时期内市场利率和金融体系流动性并不是收益率的影响因素。这一时期，产品创新大概影响股份制银行非保本理财产品超过 0.30%的收益率。如表 6-16 所示：

表 6-16　股份制银行政策效应（2013 年 8 号文发布后）检验

变量	2013 年 4 月 VS 2013 年 7 月		2013 年 4 月 VS 2013 年 8 月	
	系数	T 值	系数	T 值
Period	0. 365 839 6 ***	9. 09	0. 315 834 2 ***	8. 99
logMT	0. 393 403 3 ***	21. 67	0. 396 908 ***	26. 76
MKTR	0. 023 945 8	0. 51	−0. 004 806 9	−0. 14
LQDT	0. 014 508 6 **	2. 56	−0. 005 33	−1. 22
constant	2. 641 127 ***	10. 27	2. 892 394 ***	15. 33
A–R^2	0. 555 3		0. 660 1	
OBS	770		797	

表 6-17 和表 6-18 显示，城商行、农商行 2013 年 4 月、7 月、8 月数据分组检验结果与国有大型银行、股份制银行基本相同。市场利率（MKTR）、金融体系流动性（LQDT）可能产生影响，但短期内都不是商业银行非保本理财产品收益率的主要影响因素或没有成为影响因素，产品创新、产品期限是造成两个时期收益率差别的主要因素。产品创新大概影响城商行非保本理财产品 0.29%~0.34%的收益率水平，大概影响农商行 0.29%~0.32%的收益率水平。

表 6-17 城商行政策效应（2013 年 8 号文发布后）检验

变量	2013 年 4 月 VS 2013 年 7 月		2013 年 4 月 VS 2013 年 8 月	
	系数	T 值	系数	T 值
Period	0.288 526 8 ***	12.58	0.338 017 1 ***	13.9
logMT	0.139 090 8 ***	13.00	0.174 670 5 ***	19.62
MKTR	0.057 125 2 **	2.49	0.038 389 6 **	2.03
LQDT	0.000 895 2	0.28	−0.003 803 4	−1.29
constant	3.757 733 ***	28.69	3.714 236 ***	32.8
A−R^2	0.606 1		0.720 4	
OBS	352		349	

表 6-18 农商行政策效应（2013 年 8 号文）检验

变量	2013 年 4 月 VS 2013 年 7 月		2013 年 4 月 VS 2013 年 8 月	
	系数	T 值	系数	T 值
Period	0.318 565 5 ***	3.33	0.288 385 9 ***	2.88
logMT	0.261 535 3 **	2.11	0.305 056 4 ***	3.12
MKTR	0.082 544	0.87	0.093 388 6	1.51
LQDT	0.008 239	0.55	−0.014 282 6	−1.1
constant	2.866 213 ***	5.31	2.755 173 ***	4.94
A−R^2	0.324 0		0.337 1	
OBS	122		131	

五、模型总结

（1）本节模型回归结果显示，除个别情况之外，大多数情况下，可以看到重大监管政策出台之后一段时间，产品创新所带来的收益率提升，且这一数值的变化十分可观，影响不同类型银行收益率水平大概在 0.30% ~ 0.50%。

（2）与第二节相同，可以看到短期内，市场利率、金融体系流动性变化对理财产品收益率影响有限或未产生影响。但是，仍需说明的是，短期与长期不同，在第四章长期协整关系研究中，市场利率和金融体系流动性具有较高的变异程度，长期看这两个变量是商业银行理财产品收益率的重要影响因素。

（3）由于无法量化，模型未能控制商业银行吸引或留住客户等具体经营策略的差异，这一点与第二节完全相同。

第四节　本章小结

本章可以看作是对第四章模型未能详尽之处的进一步证明，同时可以看作第五章商业银行理财产品模式创新的经验证据研究，即商业银行确实存在通过不断创新，突破重大监管政策，从而实现理财产品的较高收益率。

一、不同类型银行创新力度差异

短期内，不同类型银行创新力度差异和产品期限是商业银行理财产品收益率变化的主要原因。股份制银行、城商行、农商行理财产品创新力度均强于国有大型银行，股份制银行、城商行创新力度最强，其次是农商行，国有大型银行理财产品创新力度相对偏弱，创新偏弱同样意味着经营更为稳健。

二、突破监管政策的创新效应

重大监管政策出台后，四种类型银行均受到影响，但均在较短的时间内创新产品模式，规避监管政策，实现产品收益率水平的提升。突破监管政策的创新大概能够提升不同类型银行大概 0.30%～50% 的收益率水平。

三、市场利率和金融体系流动性对产品收益率的影响

短期内，市场利率、金融体系流动性变化对理财产品收益率影响有限或未产生影响。这与第四章长期协整关系研究不尽一致，但是不难理解，短期内市场利率和金融体系流动性变异程度较低，所以难以成为理财产品收益率的主要影响因素。长期看，理财产品收益率不会偏离市场利率，同时一定会受到金融体系流动性紧张程度影响。

第七章 2018 年资管新规的政策效应及影响

随着货币政策边际收紧以及统一监管到来，我国资产管理行业高速扩张时期基本宣告结束。2018 年 4 月 27 日，一行两会和外管局联合发布了《关于规范金融机构资产管理业务的指导意见》，旨在规范金融机构资产管理业务，统一同类资产管理产品监管标准，有效防控金融风险，更好地服务实体经济。2018 年 9 月 28 日，银保监会发布《商业银行理财业务监督管理办法》，作为指导意见的配套实施细则。2018 年 12 月 2 日银保监会发布《商业银行理财子公司管理办法》，作为理财管理办法的配套制度。资管新规及理财新规（理财管理办法、理财子公司管理办法），共同构建起商业银行开展理财业务的框架。

第一节 资管新规前商业银行理财存在问题与风险分析

随着经济转型和监管趋严，包括商业银行理财在内的资管行业在快速扩张后已逐步具有系统重要性，积累的问题成为潜在的系统风险。在 2018 年资管新规出台之前，商业银行理财业务已经积累了如下风险或问题：

一、刚性兑付风险

截至目前，商业银行理财产品仍以预期收益率型产品为主，即使是净值型产品，部分也存在向客户告知历史收益率的情况，其实质仍为预期收益率型的假净值产品。2018 年 3 月 Wind 统计的各种类型商业银行发行的理财产品中，公布预期收益率的产品占比超过 72%。刚性兑付的危害主要有三个方面：一是扭曲风险和收益，推高社会无风险收益率水平，从而扭曲了资源配置；二是大量表外理财产品刚性兑付，风险承担主体为商业银行，其实相当于这部分风险从表外转移到表内，使得商业银行资本充足率、信用风险加权资产计量、市场风险加权资产计量等不能够真实反映商业银行的风险承担能力；三是在经济转型周期，经济增速下滑，金融风险暴露加速，在此背景下容易引发系统性金融风险。

二、期限错配和流动性风险

商业银行理财产品资金募集和投资资产往往很难一一对应，所以在实际操作中，形成了滚动发售、集合运作、期限错配、分离定价的模式，即资金池—资产池模式。目前，商业银行基本通过滚动募集短期资金，投向更长期限的资产。2017 年 Wind 统计的各种类型商业银行发行的理财产品中，6 个月及以内期限产品占比为 82%，而所投资资产一般很少低于 6 个月期限，不符合理财新规的要求。由于负债端期限短，资产端期限长，所以商业银行赚取了期限利差。但是，这就需要商业银行积极管理理财产品的流动性风险，一旦市场资金紧张，无法按期募集就会带来违约风险，另外如果资金期限过短，投资资产期限过长，管理的难度就会更大。同时由于非保本理财产品属于表外，所以表外流动性风险还可能向表内转移。

三、多层嵌套风险

多层嵌套形成的原因在第五章研究理财产品模式创新中已有涉及，主要是多头监管带来的政策不统一，商业银行谋求利润存在监管套利的动力。多层嵌套带来的危害主要有三个方面：一是复杂的交易模式和多重资金链条下，监管部门无法全面掌握产品所有环节，相关业务呈现跨区域、跨机构的特征，真实信用风险和流动性状况易被掩盖，大量风险承受力弱的中小机构加入其中，进一步加剧了潜在风险。通道类业务多由商业银行主导，实质风险并未从复杂的交易结构中转移出去，一旦某个环节出现问题，最终损害的是商业银行。二是多层嵌套增加了实际的融资成本，每一层嵌套都要收取通道费，间接加重了中小企业融资难、融资贵的问题。三是加大了金融数据统计的难度，使得在理财产品真实投向方面的数据难统计，监管部门对"底牌"不清，间接影响了宏观调控的实际效果。

四、信用风险和信息不对称风险

多层嵌套模式下，商业银行理财产品大量投资非标资产，还成为某些权益类资产的优先级固定收益，但一方面由于多头监管和相互信息不共享，商业银行理财产品的资金投向往往披露模糊或很难弄清楚底层资产。客户难以充分了解所投资资产及其风险、收益情况，仅看商业银行提供的预期收益率，不易改变刚性兑付的心理。信息不对称性也造成了商业银行难以向客户转移风险。另一方面，在经济下行和经济增速换挡期，部分金融资产可能存在风险水平和估值水平的快速变化，商业银行理财业务兴起时间不长，尚未经历过完整的经济和金融周期考验，相关的风险控制机制存在缺陷和不足，不足以抵御此类风险的变化，而且由于已经形成了巨大的体量，所以存在发生系统性风险的可能性。

第二节　资管新规和理财新规的核心内容

一、总体思路①

为破解资管乱象，规范金融机构资管业务，统一同类产品的监管标准，防范和化解潜在金融风险，2018 年 4 月 27 日一行两会和外管局联合发布了《关于规范金融机构资产管理业务的指导意见》，简称"资管新规"。资管新规明确了资管业务的定义，即银行、信托、证券、基金、期货、保险资产管理机构、金融资产投资公司等金融机构接受投资者委托，对受托的投资者财产进行投资和管理的金融服务。同时明确资产管理业务是金融机构的表外业务，金融机构不得在表内开展资产管理业务，以往的表内产品不再符合监管要求。金融机构开展资产管理业务时不得承诺保本保收益，出现兑付困难时，不得以任何形式垫资兑付，试图从根源上打破刚性兑付。

针对资管业务中的不规范、多层嵌套、刚性兑付、规避金融监管和宏观调控等问题，资管新规要求全面覆盖、统一规制各类金融机构的资管业务，有效防控金融风险，实行公平的市场准入和监管，最大程度地消除监管套利空间，切实保护金融消费者合法权益。按照产品类型统一监管标准，从募集方式和投资性质两个维度对资管产品进行分类，分别统一投资范围、杠杆约束、信息披露等要求。坚持产品和投资者匹配原则，加强投资者适当性管理，强化金融机构的勤勉尽责和信息披露义务。明确资管业务不得承诺保本保收益，打破刚性兑付。严格非标准化债权类资产投资要求，禁止资金池，防范"影子银行"风险和流动性风险。分类统一负债和分级杠杆要求，消除多层嵌套，抑制通道业务。加强监管协调，强化宏观审慎管理和功能监管。合理设置过渡期，给予金融机构资管业务有序整改和转型时间，确保金融市场的平稳运行。

---

① 见 2018 年 4 月 27 日一行两会、外管局联合发布的《关于规范金融机构资产管理业务的指导意见》和人民银行有关负责人就《关于规范金融机构资产管理业务的指导意见》答记者问。

从宏观角度来看，资管新规是贯彻 2017 年全国金融工作会议"服务实体经济、防控金融风险、深化金融改革"三项基本任务的具体举措之一，将防范和化解资管行业的潜在金融风险放在了更加重要的位置，以"减少存量风险，严防增量风险"为基本思路，避免实质形成系统性金融风险冲击实体经济。从微观角度来看，资管新规针对产品设计的不规范、期限错配、多层嵌套、刚性兑付和流动性风险等问题，最大程度予以化解，统一同类产品规则，消除监管套利空间。总体上，资管新规措施背后凸显了国家和监管部门引导行业回归本质、去杠杆、防范化解系统性金融风险等方面的思路，必将重塑整个资管行业。

二、核心内容[①]

2018 年 9 月 28 日，银保监会发布《商业银行理财业务监督管理办法》，作为指导意见的配套实施细则。相比前期的公布征求意见稿，正式稿内容整体变动不大，基本延续了资管新规的核心要求。实质性的变动体现在投资范围的拓宽：一是明确了公募理财产品可投资股票，即公募理财产品可通过公募基金投资股票；二是明确了理财产品可投资银行间市场和证券交易所市场发行的资产支持证券，相较征求意见稿中的"银行间市场发行的信贷资产支持证券、交易所市场发行的企业资产支持证券"，范围进一步拓宽。12 月 2 日银保监会发布《商业银行理财子公司管理办法》，作为理财管理办法的配套制度。

除上述调整外，理财管理办法明确商业银行应当通过具有独立法人地位的子公司开展理财业务。理财子公司将在业务领域与其他资管机构站在同一起点，但商业银行广泛分布的网点以及良好的客户基础，将使得其资管业务竞争力逐步凸显。资管新规和理财新规核心内容（见图 7-1）主要有以下几个方面：

---

① 参考 2018 年 4 月 27 日一行两会、外管局联合发布的《关于规范金融机构资产管理业务的指导意见》，2018 年 9 月 28 日银保监会发布的《商业银行理财业务监督管理办法》，2018 年 12 月 2 日银保监会发布的《商业银行理财子公司管理办法》。

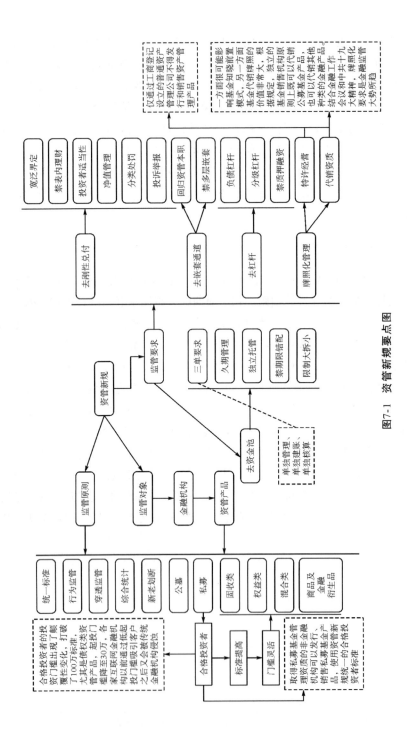

图7-1 资管新规要点图

关于募集方式。根据资管新规和理财新规，理财产品按募集方式可以分为公募和私募。公募产品是指向特定的社会公众进行公开发行，私募产品则面向特定的合格投资者进行非公开发行。按照新政策，公募产品主要投资于标准化的资产，包括标准化债权类资产和上市交易的股票，不得进行未上市企业股权投资，另外还可以投资商品及金融衍生品。私募产品由合同约定投资范围，可以包含债权类资产、上市或挂牌交易的股票、未上市企业股权（含债转股）和受（收）益权以及符合法律法规规定的其他资产。理财新规（理财管理办法和理财子公司管理办法）关于公募和私募产品投资范围与资管新规完全一致。如表 7-1 所示：

表 7-1　资管新规对公募和私募的监管差别

	公募	私募
发行方式	面向不特定社会公众发行	面向合格投资者通过非公开方式发行
投资范围	主要投资标准化债权类资产以及上市交易的股票，除法律法规和金融管理部门另有规定外，不得投资未上市企业股权。公募产品可以投资商品及金融衍生品	可以投资债权类资产、上市或挂牌交易的股票、未上市企业股权（含债转股）和受（收）益权以及符合法律法规规定的其他资产
信息披露	严格的信息披露管理制度	至少每季度披露产品净值
杠杠比例（总资产/净资产）	开放式公募（140%），封闭式公募（200%）	200%
分级设计	不得进行份额分级	开放式私募产品不得进行份额分级
受托机构	金融机构	可以是私募基金管理人

说明：根据资管新规整理。

关于非标投资。要求比照自营贷款管理要求实施投前尽职调查、风险审查和投后风险管理，并纳入全行统一的信用风险管理体系。商业银行全部理财产品投资于单一债务人及其关联企业的非标准化债权类资产余额，不得超过本行资本净额的10%；商业银行全部理财产品投资于非标准化债权类资产的余额在任何时点均不得超过理财产品净资产的35%，也不得超过本行上一年度审计报告披露总资产的4%。上述基本延续了 2013 年 8 号文的要求。但对于非标资产界定，资管新规相较于 8 号文更加严格，即"在银行间市场、证券交易所市场等国务院和金融监督管理部门批准的交易市场交易的具有合理公允价值和较高流动性的债权性资产"为标准化资产，除此之外全为非标资产。这让前期政策模糊领域的"非非标"无处通行，以往"非非标"主要是指8号文无法准确界定的资产，比如明股实债、同业借款、通过结构化产品投向资本市场的资产等。新规会使很多业务激进的银行非标资产比例指标大幅提升，甚至超过监管要求。

关于刚性兑付。从资管新规的导向来看，资管业务应当以表外形式存在，不得承诺保本保收益或隐性刚兑。新规要求，金融机构不得为资产管理产品投资的非标准化债权类资产或者股权类资产提供任何直接或间接、显性或隐性的担保、回购等代为承担风险的承诺。经金融管理部门认定，存在以下行为的视为刚性兑付：一是资产管理产品的发行人或者管理人违反真实公允确定净值原则，对产品进行保本保收益。二是采取滚动发行等方式，使得资产管理产品的本金、收益、风险在不同投资者之间发生转移，实现产品保本保收益。三是资产管理产品不能如期兑付或者兑付困难时，发行或者管理该产品的金融机构自行筹集资金偿付或者委托其他机构代为偿付。四是金融管理部门认定的其他情形。资管新规对解决刚性兑付还提出净值化管理等要求。无论从产品端还是资产端，资管新规对摊余成本法的实行都进行了严格限定。但是，商业银行理财业务的实际运行情况与资管新规要求差距较大，目前绝大部分银行理财产品仍为预期收益率型，已发行的净值型产品也基本采取摊余成本法进行估值，与监管要求相去甚远。

关于资金池。2018年之前，监管文件对于资金池业务特征的描述并不一致，但2018年之后监管部门逐步把握住了本质特征，本次资管新规明确资金池业务的三大本质特征为滚动发行、集合运作、分离定价。资管新规要求，金融机构应当做到每只资产管理产品的资金单独管理、单独建账、单独核算，不得开展或者参与具有滚动发行、集合运作、分离定价特征的资金池业务。滚动发行，具体是指资管产品募集资金过程并非一次性完毕，而是通过分期发行或开放式申购的方式在不同时点分别进行募集。集合运作，是指资金和资产的统一运作，不论资金是否来源于同一产品或同一投资人，且不论资金募集的时间先后顺序，均由管理人进行统一汇总使用，投向资产与资金来源并不存在一一对应关系。分离定价，由于滚动发行和集合运作，资金池项下的不同资管产品并未真正对应标的资产的实际收益率，资金申购或赎回未按照规定进行合理估值。

关于期限错配。资管新规要求，金融机构应当合理确定资产管理产品所投资资产的期限，加强对期限错配的流动性风险管理，金融监督管理部门应当制定流动性风险管理规定。为降低期限错配风险，金融机构应当强化资产管理产品久期管理，封闭式资产管理产品期限不得低于 90 天。资产管理产品直接或者间接投资于非标准化债权类资产的，非标准化债权类资产的终止日不得晚于封闭式资产管理产品的到期日或者开放式资产管理产品的最近一次开放日。尽管监管部门不断要求不能开展资金池—资产池业务、不能期限错配，但是，目前整个商业银行理财产品对接资产体量巨大、产品发行数量非常多，过去商业银行为对接各类资产基本采取的都是资金池—资产池模式，资金端和资产端几乎是分割开的，期限错配属于正常的操作思路。资管新规要求资金端和资产端统筹一致，极大考验了商业银行的管理能力，过渡期内是否能真正实现存在疑问。

关于净值化管理，如表 7-2 所示。资管新规要求，金融机构对资产管理产品应当实行净值化管理，净值生成应当符合企业会计准则规定，及时反映基础金融资产的收益和风险。在过渡期内，对于封闭期在半年以上的定期开放式资产管理产品，投资以收取合同现金流量为目的并持有到期的债券，可使用摊余成本计量，但定期开放式产品持有资产组合的久期不得长于封闭期的 1.5 倍；银行的现金管理类产品在严格监管的前提下，暂参照货币市场基金的"摊余成本+影子定价"方法进行估值。净值化管理极大提升了商业银行管理产品的难度，依据监管动向，其实 2018 年年初各家商业银行已经开始了净值化转型，虽然在商业银行力推之下产品发行速度增速加快，但是由于投资者具有长期思维定式，在预期收益率产品和净值型产品的选择上更倾向于预期收益率产品，所以净值型产品总规模仍然较小，另一方面如第一节所述，出现了一些假净值型产品，实际上仍为预期收益率产品。

表 7-2　资管新规中的净值化管理

信息披露		
	公募产品	私募产品
开放式	按照开放频率公布产品净值	至少每季度披露一次产品净值
封闭式	至少一周披露一次产品净值	
估值核算		
净值生成应当符合企业会计准则规定，由托管机构核算并定期提供报告，由外部审计机构进行审计确认，金融机构需要披露审计结果并报送金融管理部门		

表 7-2（续）

净值估算	
市值法	摊余成本法
金融机构对资产管理产品应当实行净值化管理，净值生成应当符合企业会计准则规定。金融资产坚持公允价值计量原则，鼓励使用市值计量	符合以下条件之一的，可按照企业会计准则以摊余成本进行计量： （一）资产管理产品为封闭式产品，且所投金融资产以收取合同现金流量为目的并持有到期。 （二）资产管理产品为封闭式产品，且所投金融资产暂不具备活跃交易市场，或者在活跃市场中没有报价、也不能采用估值技术可靠计量公允价值。 金融机构以摊余成本计量金融资产净值，应当采用适当的风险控制手段，对金融资产净值的公允性进行评估。当以摊余成本计量已不能真实公允反映金融资产净值时，托管机构应当督促金融机构调整会计核算和估值方法。金融机构前期以摊余成本计量的金融资产的加权平均价格与资产管理产品实际兑付时金融资产的价值的偏离度不得达到 5% 或以上，如果偏离 5% 或以上的产品数超过所发行产品总数的 5%，金融机构不得再发行以摊余成本计量金融资产的资产管理产品
过渡期安排	
过渡期内，对于封闭期在半年以上的定期开放式资产管理产品，投资以收取合同现金流量为目的并持有到期的债券，可使用摊余成本计量，但定期开放式产品持有资产组合的时期不得长于封闭期的 1.5 倍；银行的现金管理类产品在严格监管的前提下，暂参照货币市场基金的"摊余成本+影子定价"方法进行估值	

说明：根据资管新规和《关于进一步明确规范金融机构资产管理业务指导意见有关事项的通知》整理。

关于杠杆率和分级产品。资管新规明确，资产管理产品应当设定负债比例（总资产/净资产）上限，同类产品适用统一的负债比例上限。每只开放式公募产品的总资产不得超过该产品净资产的 140%，每只封闭式公募产品、每只私募产品的总资产不得超过该产品净资产的 200%。计算单只产品的总资产时应当按照穿透原则合并计算所投资的资产管理产品的总资产。理财办法规定，公募产品和开放式私募产品不得进行份额分级。分级私募产品的总资产不得超过该产品净资产的 140%。分级私募产品应当根据所投资资产的风险程度设定分级比例（优先级份额/劣后级份额，中间级份额计入优先级份额）。固定收益类产品的分级比例不得超过 3：1，权益类产品的分级比例不得超过 1：1，商品及金融衍生品类产品、混合类产品的分级比例不得超过 2：1。发行分级资产管理产品的金融机构应当对该资产管理产品进行自主管理，不得转委托给劣后级投资者。

关于多层嵌套。金融机构不得为其他金融机构的资产管理产品提供规避投资范围、杠杆约束等监管要求的通道服务。资产管理产品可以再投资一层资产管理产品，但所投资的资产管理产品不得再投资公募证券投资基金以外的资产管理产品。理财子公司管理办法规定银行理财子公司发行的理财产品可以再投资一层由受金融监督管理部门依法监管的其他机构发行的资产管理产品，但所投资的资产管理产品不得再投资公募证券投资基金以外的资产管理产品。

关于过渡期。此前资管新规在征求意见时，提出的过渡期截止日期为2019 年 6 月 30 日，但是根据各家银行反馈的意见，由于届时不到期非标资产体量非常大，且期限很多在 2 年左右，集中处理易于引发系统性风险，所以资管新规正式稿将过渡期延长至 2020 年年底。资管新规要求，过渡期内，金融机构发行新产品应当符合本意见的规定；为接续存量产品所投资的未到期资产，维持必要的流动性和市场稳定，金融机构可以发行老产品对接，但应当严格控制在存量产品在整体规模内，并有序压缩递减，防止过渡期结束时出现断崖效应。

关于表内理财。按照理财管理办法，商业银行理财产品未来均为非保本的表外产品，且需要由具有独立法人地位的理财子公司开展，暂不具备设立条件的商业银行，应当由理财业务专营部门统一管理。也就是说，未来商业银行将不能再开展保本理财业务。但由于过渡期安排，2020 年年底之前，如果原有的保本理财含有未到期资产，商业银行可以继续发行这种产品进行接续。

2018 年 12 月 2 日，银保监会正式发布了《商业银行理财子公司管理办法》作为理财管理办法的配套制度。办法中的理财产品均指非保本理财产品，即商业银行按照约定条件和实际投资收益情况向投资者支付收益、不保证本金支付和收益水平的非保本理财产品。理财子公司管理办法进一步明确了如下内容：

关于理财子公司设立。发起设立银行理财子公司的商业银行资质要求：主要审慎监管指标符合监管要求、最近 3 个会计年度连续盈利、最近 2 年内无重大违法违规行为、理财业务专营部门连续运营 3 年以上、承诺 5 年内不转让所持有的股权，不将所持有的股权进行质押或设立信托等。另外，还从金融机构股东资质要求、非金融企业股东资质要求、负面清单、注册资本、入股限制、筹建申请和批准、开业申请、高管任职要求等方面做出了详细的规定。

关于业务方面的要求。①公募理财投向：主要投资于标准化债权类资产以及上市交易的股票，不得投资于未上市企业股权。②销售管理：理财子公司可通过营业场所和电子渠道进行风险承受能力评估，理财子公司可以让银行业金融机构或者国务院银行业监督管理机构认可的其他机构代理销售理财产品。③投资管理要求：限制与母行关联交易，理财子公司理财产品不得直接投资于信贷资产，不得直接或间接投资于主要股东的信贷资产及其受（收）益权或次级档资产支持证券，面向非机构投资者发行的理财产品不得直接或间接投资于不良资产受（收）益权；不得投资本公司发行的其他理财产品，只允许一层嵌套投资其他公司发行的资管产品。④非标资产限制：投资非标资产的余额在任何时点均不得超过理财产品净资产的35%。⑤股票集中度限制：理财子公司全部开放式公募理财产品持有单一上市公司发行的股票，不得超过该上市公司可流通股票的15%。⑥分级产品：允许理财子公司发行分级产品，但要做好充分信息披露和风险提示。⑦合作机构要求：私募理财产品的合作机构、公募理财产品的投资顾问可以是私募投资基金管理人，但要符合相关要求，包括具备三年以上连续可追溯证券、期货投资管理业绩且无不良从业记录的投资管理人员应当不少于三人等条件。⑧自有资金投资要求：自有资金持有现金、银行存款、国债、中央银行票据、政策性金融债券等具有较高流动性资产的比例不低于50%；银行理财子公司以自有资金投资于本公司发行的理财产品，不得超过其自有资金的20%，不得超过单只理财产品净资产的10%，不得投资于分级理财产品的劣后级份额。⑨业务资格要求：理财子公司发行投资衍生产品的理财产品的，应当具备相应的衍生产品交易资格；涉及外汇业务的，应当具有开办相应外汇业务的资格①。

现行商业银行理财业务监管制度允许私募理财产品直接投资股票，但规定公募理财产品只能投资货币型和债券型基金。理财管理办法继续允许私募理财产品直接投资股票；在理财业务仍由银行内设部门开展的情况下，放开公募理财产品不能投资与股票相关公募基金的限制，允许公募理财产品通过投资各类公募基金间接进入股市。同时，与"资管新规"保持一致，理财产品投资公募证券投资基金可以不再穿透至底层资产。商业银行通过子公司开展理财业务的，允许子公司发行的公募理财产品直接投资或者通过其他方式间接投资股票。

从2018年的资管新规和理财新规可以看出，监管部门在资金端、投资端均提出了更高要求，核心是打破刚兑、破除多层嵌套、禁止资金池，目的在于规范化业务操作，减少监管套利，使得同类资管产品具有统一的监管标准，从而防范和化解潜在的金融风险。在资管新规的基础上，理财新规针对银行理财做出了更明确的细则要求，一是防止资金纯粹规避政策的空转，缩短融资链

---

① 参见2018年12月2日银保监会发布的《商业银行理财子公司管理办法》。

条，明确了理财产品不得投资本行和其他银行发行的理财产品；二是强化穿透式监管，要求银行充分披露底层资产，但投资公募证券投资基金除外；三是传递出未来同类资管产品统一监管标准将在理财子公司层面具体落地。总体来看，2018年资管新规和理财新规共同构建起商业银行理财业务的框架，相应也需要商业银行理财业务加快转型。

第三节　资管新规对商业银行理财业务的影响分析

2018年4月27日，资管新规正式发布后，虽然理财管理办法、理财子公司管理办法此时尚未出台，但商业银行已经开始了积极的调整。在这一部分，我们将运用资管新规出台后的商业银行理财产品数据来描述政策所带来的一些影响，具体涵盖了收益率、产品期限、政策效应等分析。

一、资管新规政策效应的描述性统计

2018年资管新规出台后，商业银行理财产品收益率出现了明显的下降。从图7-2和图7-3可以看出，资管新规对商业银行理财产品收益率存在抑制效应。2018年4月份，国有大行、股份制银行、城商行、农商行非保本理财产品月度平均收益率分别为4.87%、4.92%、5.28%、5.00%，到9月份分别下降为4.45%、4.59%、4.85%、4.72%，过程中呈现逐月下降的趋势。商业银行保本理财产品收益率也呈现下降的趋势。2018年4月份，国有大行、股份制银行、城商行、农商行保本理财产品月度平均收益率分别为4.00%、4.49%、4.35%、4.00%，到9月份分别下降为3.92%、3.94%、4.20%、3.34%，但下降起点滞后于非保本理财产品1~2个月，这也反映了本书第四章运用误差修正模型（ECM）所研究的商业银行非保本理财产品收益率对保本理财产品收益率的带动作用。

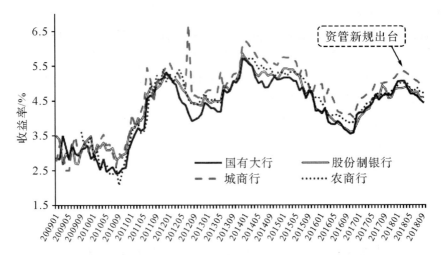

图 7-2　不同类型银行非保本理财产品收益率变化趋势①

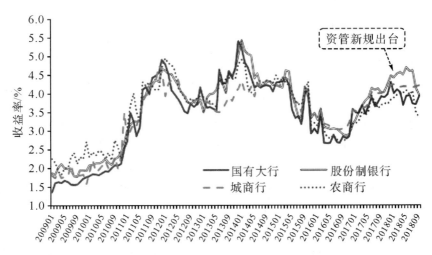

图 7-3　不同类型银行保本理财产品收益率变化趋势②

如果对比 2018 年资管新规之后 5 个月的平均收益率，可以从表 7-3 和表 7-4 看出，资管新规之前 4 个月（1 月至 4 月），国有大行、股份制银行、城商行、农商行非保本理财产品平均收益率分别为 5.01%、4.88%、5.31%、

———————

　　① 数据来源：根据 Wind 数据库 2008 年 12 月—2018 年 9 月商业银行发行的理财产品数据整理。

　　② 数据来源：根据 Wind 数据库 2008 年 12 月—2018 年 9 月商业银行发行的理财产品数据整理。

4.99%，资管新规之后的 5 个月（5 月至 9 月）国有大行、股份制银行、城商行、农商行非保本理财产品平均收益率 4.60%、4.69%、5.05%、4.79%，平均下降了 19~41 个 BP。资管新规之前 4 个月国有大行、股份制银行、城商行、农商行保本理财产品平均收益率分别为 3.95%、4.50%、4.20%、3.96%，资管新规之后的 5 个月保本理财产品平均收益率分别为 3.84%、4.39%、4.17%、3.78%，平均下降幅度为 3~18 个 BP。从平均降幅来看，保本理财产品收益率明显小于非保本理财产品。如第四章所述，保本理财产品收益率下降主要是非保本理财的带动作用，政策主要针对表外的非保本理财，所以政策效果要明显弱于非保本理财产品。

表 7-3　资管新规前后非保本理财产品收益率均值变动

	国有大行	股份制银行	城商行	农商行
资管新规前 4 个月非保本产品收益率/%	5.01	4.88	5.31	4.99
资管新规后 5 个月非保本产品收益率/%	4.60	4.69	5.05	4.79

表 7-4　资管新规前后保本理财产品收益率均值变动

	国有大行	股份制银行	城商行	农商行
资管新规前 4 个月保本产品收益率/%	3.95	4.50	4.20	3.96
资管新规后 5 个月保本产品收益率/%	3.84	4.39	4.17	3.78

从 Wind 统计的全部商业银行人民币理财产品发行数量来看，2018 年资管新规出台之后，产品发行数量出现明显下降，这一方面反映出过渡期逐步压降不符合新规要求的产品，同时也表明商业银行在推广净值型产品的难度。2018 年 3 月份，Wind 统计的全部商业银行发行的人民币理财产品数量为 14 779 只，达到历史最高点，到 9 月份这一数字下降为 10 780 只，较最高点降幅达 27.1%。如图 7-4 所示：

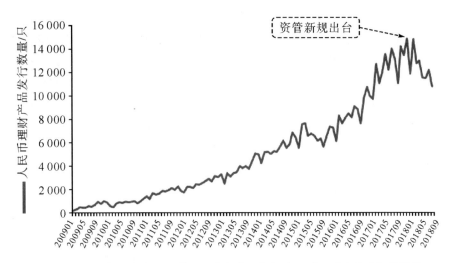

图7-4　2009年1月—2018年9月全部商业银行人民币理财产品发行数量①

产品期限变长。从图7-5可以看出，资管新规之后国有大行、城商行非保本理财产品3个月及以内期限占比明显下降，股份制银行略有下降，城商行尚不明显，这可能与股份制银行、城商行业务较为激进，短期调整难度较大有关。保本理财方面，国有大行3个月及以内期限产品占比下降明显，这主要与超短期产品（1个月以内期限）国有大行原有占比较高，资管新规之后调整效果较为明显；股份制银行、城商行、农商行这一效应尚不明显，反映了这些银行调整的难度，按照资管新规要求，即"封闭式资产管理产品期限不得低于90天"，预计这种调整将逐步显现。资管新规之后期限错配问题出现了改善迹象。

---

①　数据来源：根据Wind数据库2008年12月—2018年9月商业银行发行的理财产品数据整理。

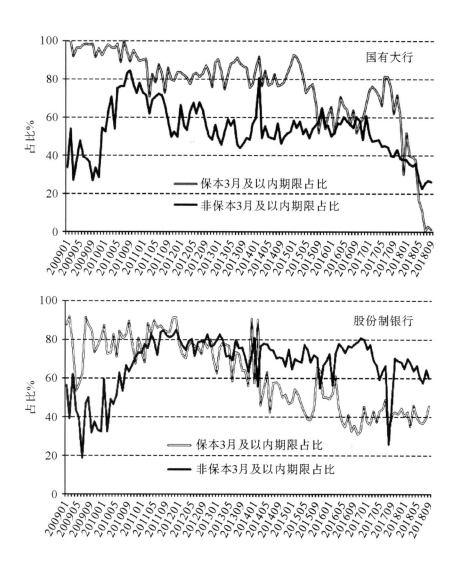

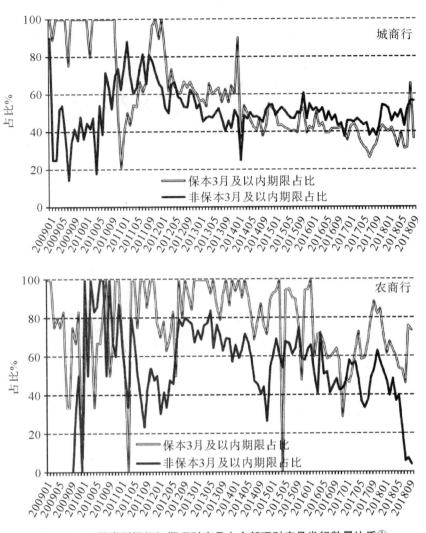

图 7-5　不同类型银行短期理财产品占全部理财产品发行数量比重①

二、资管新规政策效应的实证分析

（一）数据来源

各类型银行样本与第四章和第六章相同。国有大型银行包括中国工商银行、中国农业银行、中国银行、中国建设银行；股份制银行包括招商银行、兴

---

① 数据来源：根据 Wind 数据库 2008 年 12 月-2018 年 9 月商业银行发行的理财产品数据整理。

业银行、浦发银行、民生银行、中信银行；城商行包括北京银行、宁波银行、南京银行、江苏银行；农商行包括北京农商行、上海农商行、重庆农商行、深圳农商行。政策平稳期选择 2018 年 3 月；政策抑制期选择 2018 年 5—9 月。

原始数据处理方面：①原始数据均来源于 Wind 数据库；②删除外币理财产品；③剔除不含收益率的数据；④剔除少量无期限理财产品或超长期限产品（期限明显超过 1 年）理财产品；⑤市场利率、金融体系流动性环境指标根据需要进行计算而得，计算方式与第六章第三节相同。

（二）指标选取和模型设计

本节的变量定义与第六章第三节类似，但又有明显不同，由于需要对比资管新规出台前的变化，而正如第四章的结论，资管新规的抑制效应持续至今，所以政策平稳期选在资管新规出台之前月份（2018 年 3 月份），政策抑制期选择资管新规出台之后的多个月份（2018 年 5—9 月份）做对比分析，如表 7-5 所示：

表 7-5　不同政策效应期创新检验变量定义表

变量	代码	定义
因变量		
非保本理财产品收益率	FBY	单个非保本理财产品收益率
自变量		
政策平稳期（2018 年 3 月）	Mar	当处于 2018 年 3 月时，取值 1；否则取值 0
政策抑制期（2018 年 5 月-9 月）	May	当处于 2018 年 5 月时，取值 1，否则取值 0
	Jun	当处于 2018 年 6 月时，取值 1，否则取值 0
	Jul	当处于 2018 年 7 月时，取值 1，否则取值 0
	Aug	当处于 2018 年 8 月时，取值 1，否则取值 0
	Sep	当处于 2018 年 9 月时，取值 1，否则取值 0
控制变量		
市场利率	MKTR	前 3 日或 5 日中期票据发行加权平均利率
产品期限	MT	单个非保本理财产品期限，logMT 为对数值
金融体系流动性	LQDT	当周隔夜 Shibor 日均利率的平方

由于是月度比较，且数据选择时期市场利率、金融体系流动性变化均相对较小，所以在这一节将做两个模型：模型 7-1 含有市场利率、金融体系流动性；模型 7-2 则不含这两个变量的模型。具体如下：

$$FBY_i = \beta_0 + \beta_1 May_i + \beta_2 Jun_i + \beta_3 Jul_i + \beta_4 Aug_i + \beta_5 Sep_i +$$
$$\beta_6 MT_i + \beta_7 MKTR_i + \beta_8 LQDT_i + \varepsilon_i \qquad (7-1)$$
$$FBY_i = \beta_0 + \beta_1 May_i + \beta_2 Jun_i + \beta_3 Jul_i + \beta_4 Aug_i + \beta_5 Sep_i +$$
$$\beta_6 MT_i + \varepsilon_i \qquad (7-2)$$

变量定义具体如表7-5所示，其中i表示不同类型银行在2018年3月份和2018年4-9月份发行的第i个理财产品。总体上，从下述回归结果看，两个模型均反映出了一致的结果。考虑到异方差，本节将采用多元回归的稳健检验。

（三）回归结果

国有大行非保本理财产品的稳健性回归检验结果（见表7-6）显示，剔除3%的异常值后，产品期限、市场利率、金融体系流动性均显著，且有正的影响。但从系数看，市场利率、金融体系流动性影响较小，国有大行非保本理财产品收益率的差别主要由产品期限决定，这与我们对模型的猜想基本一致。模型7-2的经调整的R^2相比于模型7-1仅有较小幅度的降低，也反映了市场利率、金融体系流动性较小的影响，但是两个变量系数均显著且为正，反映了市场利率、金融体系流动性仍产生了一定影响。从虚拟变量系数的变化趋势看，模型7-1和模型7-2的系数均为负值，表明资管新规之后，在其他变量不变的情况下，新的监管政策对国有大行非保本理财产品收益率形成抑制效应，且虚拟变量系数（负值）从7月份开始逐月减小，表明政策抑制效应在不断增强。

表 7-6 资管新规出台后国有大行非保本理财产品的稳健性回归检验

变量	模型（1）系数	T 值	模型（2）系数	T 值
logMT	0.242 944 1 ***	47.94	0.242 710 2 ***	47.87
MKTR	0.011 455 7 *	1.78	——	——
LQDT	0.021 608 6 **	2.09	——	——
May	−0.354 646 4 ***	−39.68	−0.359 255 7 ***	−41.3
Jun	−0.301 925 1 ***	−32.15	−0.301 115 8 ***	−32.51
Jul	−0.393 806 8 ***	−34.59	−0.373 533 ***	−43.39
Aug	−0.537 021 5 ***	−43.2	−0.506 819 ***	−59.55
Sept	−0.594 554 5 ***	−63.58	−0.584 491 9 ***	−67.44
constant	3.886 913 ***	70.32	3.810 41 ***	147.89
A-R^2	0.515 9		0.493 8	
OBS	7 014		7 014	

说明：模型剔除了3%的异常值。

股份制银行、城商行、农商行的检验结果（见表7-7、表7-8、表7-9）与国有大行基本一致，产品期限均显著，市场利率、金融体系流动性多有正向显著的结果。从系数看，市场利率、金融体系流动性影响十分小，理财产品收益率的差别主要由产品期限决定。从经调整的 R^2 同样可以看出，将市场利率、金融体系流动性变量剔除出模型，R^2 仅有较小幅度的降低，但仍然产生了一定影响。资管新规对股份制银行、城商行、农商行非保本理财产品收益率的抑制效应十分明显。从系数变化趋势看，股份制银行、城商行、农商行虚拟变量系数（负值）随着时间推进均呈现越来越小趋势，表明政策抑制效应在不断增强。

表7-7　资管新规出台前后股份制银行非保本理财产品的稳健性回归检验

变量	模型（1）系数	T值	模型（2）系数	T值
logMT	0.278 249 3 ***	87.3	0.278 750 7 ***	87.65
MKTR	0.013 699 3	1.38	—	—
LQDT	0.016 414 3 **	2.2	—	—
May	−0.115 521 2 ***	−7.73	−0.120 164 7 ***	−8.03
Jun	−0.171 400 8 ***	−10.78	−0.171 180 2 ***	−10.83
Jul	−0.225 621 6 ***	−11.72	−0.214 096 5 ***	−15.01
Aug	−0.367 567 ***	−15.25	−0.347 611 3 ***	−20.22
Sept	−0.381 605 ***	−22.08	−0.376 551 ***	−23.88
constant	3.860 614 ***	44.92	3.828 998 ***	214.03
A–R^2	0.697		0.646 1	
OBS	2 686		2 686	

说明：模型剔除了2%的异常值。

表7-8　资管新规出台前后城商行非保本理财产品的稳健性回归检验

变量	模型（1）系数	T值	模型（2）系数	T值
logMT	0.121 395 7 ***	21.47	0.120 600 9 ***	21.28
MKTR	0.035 816 3 ***	3.18	—	—
LQDT	0.022 208 ***	3.03	—	—
May	−0.162 484 8 ***	−10.52	−0.151 028 4 ***	−10.05
Jun	−0.238 794 1 ***	−15.23	−0.226 615 8 ***	−14.64

表7-8(续)

变量	模型（1）系数	T值	模型（2）系数	T值
Jul	-0.317 224 3***	-15.65	-0.260 902 7***	-16.59
Aug	-0.407 140 7***	-18.06	-0.334 462 4***	-21.59
Sept	-0.513 271 6***	-31.28	-0.485 664 5***	-31.94
constant	5.126 052***	58.93	4.766 303***	161.28
A-R^2	0.367 3		0.322 5	
OBS	2 575		2 575	

说明：模型无剔除。

表7-9　资管新规出台前后农商行非保本理财产品的稳健性回归检验

变量	模型（1）系数	T值	模型（2）系数	T值
logMT	0.183 01***	13.56	0.183 174 7***	13.55
MKTR	0.009 967 7	0.61	—	—
LQDT	0.031 002 9***	2.74	—	—
May	-0.148 248 1***	-6.25	-0.149 999 2***	-6.38
Jun	-0.265 516 4***	-11.9	-0.266 200 6***	-12.18
Jul	-0.264 978 9***	-8.33	-0.230 726 8***	-9.22
Aug	-0.402 100 3***	-12.09	-0.351 313 4***	-14.78
Sept	-0.534 335 3***	-20.91	-0.519 313 1***	-21.79
constant	4.307 88***	29.76	4.156 661***	61.48
A-R^2	0.409 1		0.393 7	
OBS	741		741	

说明：模型剔除了2%的异常值。

总体来看，四种类型银行模型结果基本一致，反映出资管新规的抑制效应确实存在。各类型银行月份虚拟变量均为负值，表明在控制期限、市场利率和金融体系流动性之后，资管新规之后非保本理财产品收益率呈现明显下滑。

三、收益率降低原因和产品模式影响

在控制市场利率、金融体系流动性之后，商业银行理财产品收益率下降的主要原因是原有产品模式、多层嵌套、非标投资、期限错配、产品分级等受到

限制，从而使得理财产品收益率降低。第二节已经总结了资管新规和理财新规的核心内容，新政策对商业银行理财业务的影响主要在以下几个方面：

一是表内保本理财产品将不再被允许。根据资管新规，从实施之日（2018年4月27日）起，商业银行就不能再新发行保本理财产品，但从过渡期安排来看，2020年年底之前，如果原有的保本理财产品含有未到期资产，商业银行可以接续发行原有产品。以前保本理财被计入结构性存款，但这与国际上通行的、真正意义上的结构性存款存在较大区别。真正意义上的结构性存款在法律关系、业务本质、会计处理、风险机制等方面与理财产品"代客理财"的属性存在巨大差异。结构性存款视同存款管理，相应需要缴纳法定存款准备金，对应资产也需要按监管要求计提资本和拨备。由于资管新规禁止新发行表内保本理财产品，相应随着保本理财产品的萎缩，真正意义上的结构性存款发行呈现明显的增长，如图7-6所示。

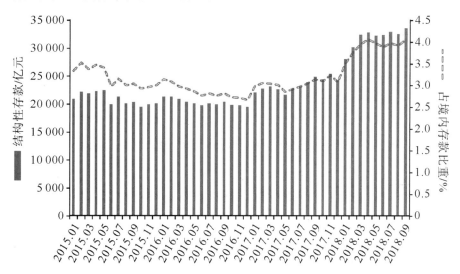

图 7-6　中资大型银行结构性存款余额和占境内存款比重变化①

① 数据来源：中国人民银行。中资大型银行是指本外币资产总量大于等于2万亿元的银行（以2008年末各金融机构本外币总资产为参考标准），包括工行、建行、农行、中行、国开行、交行和邮政储蓄银行。

截至 2017 年年末，商业银行保本理财产品存续余额为 7.37 万亿元，占全部理财产品存续余额的 24.95%①。以往保本理财产品作为商业银行调节资产负债、维护存款稳定性和调节流动性的重要工具，所以在资管新规征求意见稿出台时，商业银行已经开始了积极的调整，大量发行结构性存款对冲保本理财规模下降的预期影响。从图 7-7 的数据来看，2017 年末至 2018 年 9 月大型银行和中小银行结构性存款绝对规模和占比都呈现明显的提升。

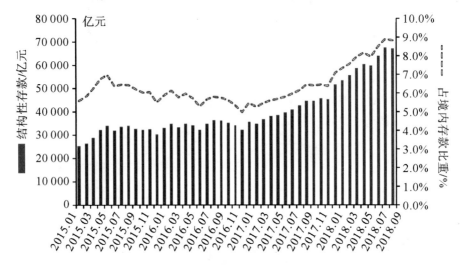

图 7-7　中资中小型银行结构性存款余额和占境内存款比重变化②

二是发行方式将影响理财产品收益率。资管新规和理财新规将理财产品分为公募和私募。由于公募产品只能投资于标准化资产和上市交易的股票，非标资产不再投资范围内，所以收益率或将低于原有的理财产品。事实上，按照现有的理财产品发行方式，公募发行是绝大多数，由于多层嵌套和规避监管政策，事实上可以投资的资产范围要远大于资管新规明确的公募产品。

三是多层嵌套类产品基本消失。资管新规和理财新规均明确理财产品可以再投资一层由受监管部门依法监管的其他机构发行的资产管理产品，但所投资的资产管理产品不得再投资公募证券投资基金以外的产品。由于资管新规和理财新规是对资管行业的重塑，原有的产品创新模式（第五章），即以嵌套规避监管政策为主的模式基本消失。关于嵌套的规范，可以从两个角度分析：一个

① 数据来源：银行业理财登记托管中心公布的《中国银行业理财市场报告（2017 年）》。
② 数据来源：中国人民银行。说明：中资中小型银行指本外币资产总量小于 2 万亿元的银行（以 2008 年年末各金融机构本外币总资产为参考标准）。

是在多元监管体制下，没有明显违反监管规定的业务，一般来说都是为了监管套利，将受到严格限制，最多一层嵌套的约束将使得原有的交易结构不具有可行性，但在统一监管背景下，这些业务也没有必要继续进行多层嵌套。另一个是，明显违反监管规定的业务，如代持、第三方兜底、抽屉协议等，这些业务将受到严格打击。此外，理财产品投资公募证券投资基金可不再穿透至底层资产，所以监管层并未限制对公募证券投资基金的两层嵌套，因此公募 FOF 及 MOM 模式仍可沿用。

四是非标资产投资将受到严格控制。资管新规规定在银行间市场、证券交易所市场等经国务院同意设立的交易市场交易的资产未标准化资产，同时还需要符合等分化可交易、信息披露充分、集中登记独立托管、公允定价、流动性机制完善等要求。而标准化债权类资产之外的债权类资产均为非标资产。这让以往处于监管模糊地带的"非非标"资产无处遁形。"非非标"是指比照银监会《关于规范商业银行理财业务投资运作有关问题的通知》（银监发〔2013〕8 号）对非标资产范围的界定，存在争议的资产类别，以前按照惯例未被列入非标资产的统计，比如明股实债、结构化资本市场业务等。按照新的政策要求，这些都将被纳入非标资产的行列，这会使得很多银行额度超标。

五是严格限制期限错配对非标投资也会产生很大影响。新政策要求非标资产期限不得低于产品期限，这让以往依靠期限错配投资非标资产的模式不再合规。另外，还有交易结构的限制，再加上去杠杆（或稳杠杆）、结构性融资政策限制等，使得非标资产的可投资范围受到较大限制。同时新政策要求商业银行发行的封闭式理财产品的期限不得低于 90 天；开放式理财产品所投资资产的流动性应当与投资者赎回需求相匹配，确保持有足够的具有良好流动性的资产，以备投资者赎回。这些规定都严格约束了期限错配，如果控制市场利率、金融体系流动性等变量，必然造成相同期限的理财产品在新政策下收益率降低。

六是净值化管理将重塑商业银行理财产品体系。资管新规和理财新规均体现了净值化管理的思想，产品净值化管理是打破刚性兑付的最重要手段。净值化管理也会存在理财客户接受度的问题，从资管新规之后商业银行理财产品发行数量下降也可以看出，理财客户购买的积极性不高。但无论怎样，净值化产品是大势所趋，净值化管理势在必行，商业银行需要积极推广，加快培育和引导。另外净值化管理还会对商业银行理财管理系统产生较大影响，原有的产品体系将逐步被重塑，这涉及估值体系、信息披露、客户维护等重要系统的重建。

七是产品分级杠杆水平限制约束了高杠杆产品。资管新规要求公募产品和开放式私募产品不得进行份额分级，并对分级私募产品进行了杠杆比例限制。这样会减少以往高杠杆比例的分级产品，由于以往大多数理财产品发行方式类似于公募，其中不乏分级产品，所以也会降低此类产品的收益率。

资管新规和理财新规是对商业银行理财业务的全面规范，涵盖了非常丰富的内容。此前处于监管政策灰色地带，并没有明显违反相关规定的，如一些监管套利的业务，新规给予了严格限制；明显违规的业务，新规继续给予严厉打击。总体上，资管新规和理财新规最大程度消除了监管套利空间，力图防范和化解理财产品形成的潜在金融风险，与以往针对某一领域和碎片化的监管文件相比，系统性更强，同时资管新规的思路是统一监管，以往金融机构主要采取的、利用不同监管领域政策差异规避监管政策的方式几乎不再有空间。同时，资管新规和理财新规政策推进更加稳妥、审慎，也防范了对市场产生过大的冲击。

四、资管新规对不同类型银行的影响

国有大型银行。资管新规出台之前，依据《关于规范商业银行理财业务投资运作有关问题的通知》（银监发〔2013〕8号），理财资金投资非标资产的余额受到不高于理财产品余额的35%与总资产的4%的限制，国有大型银行凭借存量理财和总资产高的优势，获得了较高的非标资产投资额度。然后资管新规对非标资产投向和期限错配的限制，使得国有大型银行存量非标资产消化压力要明显大于其他银行。从资管新规政策效应的实证检验结果也可以看出，资管新规出台后，国有大型银行非保本理财产品收益率下降更为明显。但是，从另一个角度看，在理财资金投资非标资产受到限制的情况下，"非标转标"会成为新的趋势，标准化资产的投资会增加。相较而言，国有大型银行在标准化资产投资方面更具优势，资本的优势也会让国有大型银行处理非标资产投资更具灵活性。另外，产品转型和规范管理方面虽然对各类型银行政策一致，但是体现在实际操作中对国有大型银行更为有利。从产品转型角度来看，国有大型银行的资源优势明显，国家信用的背书使得转型期理财投资者更加信赖安全性更高的国有大型银行；从业务合规角度来看，资管新规之前，股份制银行、城商行、农商行业务均较国有大型银行激进，国有大型银行业务一直以来相对规范。总体来看，国有大型银行转型方面具有先天的资源优势，业务合规方面受到的冲击要明显小于其他类型银行。

股份制银行。股份制银行与国有大型银行有类似之处。不同之处在于，国有大型银行综合实体均较强,资源优势都十分明显,而股份制银行之间则有较大的差别。股份制银行与国有大型银行同样面临较大的非标资产消化压力,虽然一般来说绝对规模要小于国有大型银行,但是如第六章结论所示,股份制银行、城商行创新力度或激进程度最强,所以非标额度投资更加接近于政策上限,所以非标资产处置压力也较大。同时,由于资本实力小于国有大型银行,所以处理非标资产投资的腾挪空间要小于国有大型银行。不过,这里仍有结构性差异,如上文所述的"非非标",按以往惯例并未列入非标资产的统计,但按照资管新规和理财新规,这些都将纳入非标资产的统计。如果此类资产占比较高,那么化解压力会相对较大。另外,股份制银行标准化资产的投研能力差异较大,处于市场前列的股份制银行,标准化资产投研能力较强,相对来说,可以抵消一部分资管新规非标资产限制的影响,另一些则面临较大的消化压力。产品转型和规范管理对于股份制银行影响差异也会较大,客户基础和系统建设一直较好的银行受到的影响会比较小。如招商银行,在零售客户领域具有优势,在系统建设、净值化转型等方面一直走在市场前列。多数股份制银行在这方面的影响会大于国有大型银行。总体来说,业务相对规范股份制银行接近于国有大行的情况,部分业务激进,与监管方向背离较远的股份制银行,如同业业务占比较高,会受到较大冲击。

城商行和农商行。虽然城商行理财产品模式创新力度或激进程度最高,但限于理财业务规模,其绝对非标资产投资规模并不大,农商行则更小,所以面对的压力并不大。但是从业务规范的角度,资管新规和理财新规出台后,受影响最大的就是城商行和农商行。一是多层嵌套限制加上同业业务规范,使得城商行、农商行的很多业务模式难以为继。两类银行理财资产端投资能力和负债端之一均处于劣势地位,很多业务需要依赖于国有大型银行和股份制银行,通过同业业务和多层嵌套的模式来弥补,所以新规之下必然面临较大冲击。二是合规压力较大。资管新规出台之前,为抢占市场,两类银行在产品模式设计上更为激进,很多合规性存在瑕疵。三是城商行、农商行限于自身能力,在产品管理、系统建设等领域劣势地位会更加凸显。从资管新规的导向看,新政策对商业银行主动投资、研究能力、系统建设、渠道资源等方面要求更高,显然国有大型银行、股份制银行更具优势。当然,不排除少数城商行在传统区域已经形成既有优势,或者深耕理财业务有一些特定的领域,资管新规出台之后仍能保持住这些优势。但总体看,城商行、农商行面临压力较大,业务合规方面受到的冲击要大于其他类型银行。

第八章　商业银行理财业务转型发展与政策建议

第一节　资管新规实施效果

一、资管新规实施进展

资管新规实施后的两年多时间里，资管行业并没有徘徊不前，在总规模保持基本稳定的情况下，基本实现了结构优化、净值化转型和规范发展。商业银行理财更是恢复了 2016 年以来的正增长，银行理财子公司的发展也出现了良好的开端。

资管规模止跌回升。由于资管新规的出台，资管行业在 2018 年规模历史上首次出现负增长，由年初的 120 万亿下降到年末的 104 万亿。但是 2019 年规模止跌回升，年末资管行业规模达到 110 万亿，与上年年末相比增加近 4 万亿。这说明资管行业按照资管新规要求"去杠杆"之后，资管行业开始出现积极的变化，标志着资管市场转型见成效、规模稳增长，迎来新的发展起点。

资管的行业结构显著优化。从资管七雄（银行理财、信托、保险、基金管理公司及其子公司、证券公司、期货公司、私募基金）的规模结构来看，2019 年呈现"四增三降"的态势。一方面，通道业务、"影子银行"模式被严厉打压，因此基金子公司、券商资管、信托这三个行业管理的资产规模在大幅下降（分别下跌 18%、18%、5%），共减少约 4.3 万亿；若与 2017 年年末相比则减少了 13.2 万亿，2018 年、2019 年连续两年呈压缩态势；另一方面，保险资管、公募机构、银行理财、私募机构四个行业则发挥主动管理优势，其管理的资产规模大幅度增长（分别增长 13%、13%、9%、8%），共增加 8 万亿。"四增三降"使资管市场结构得到优化，继续向回归本源的方向稳步迈进。

银行理财结构呈现四大积极变化。银行理财在资管新规发布之后顺应其监管要求，加快了转型步伐，呈现出显著成效。四大积极变化为：一是保本理财产品逐渐退出历史舞台，而非保本理财产品实现规模稳健增长。截止到 2020 年 4 月底整体规模达到 25.9 万亿元，比 2018 年非保本理财的规模增长 9% 以上。二是净值化转型有序推进。以 2019 年 6 月末的数据为例，净值型产品余额 7.89 万亿元，增长 4.30 万亿元，同比增幅达 118.3%；占比也从 2018 年年底的 28% 上升至 35%，提高了 7 个百分点。在净值型产品中，开放式的规模又占绝对比重。三是负债结构优化，同业理财大幅下降。到 2019 年 6 月月末，同业理财存续余额首次降至 1 万亿元以内，仅为 0.99 万亿元，占同期非保本理财产品余额的 4.45%，与 2017 年年初相比下降了近 18 个百分点，资金空转得到有效抑制。四是以 2019 年上半年发行的封闭式非保本理财产品来看，其加权平均期限同比延长 47 天，达到 185 天；同时，大大压缩了 3 个月以下的短期产品发行规模（压缩了 62%）。商业银行理财转型取得了积极进展。

银行理财子公司发挥了前所未有的作用。2019 年在资管新规的催产下银行理财子公司诞生了。截止到 2021 年年初，已有 24 家银行被银保监会批准设立了理财子公司，其中 20 家已开业运营，包括 6 家国有银行、6 家股份制银行、6 家城商行、1 家农商行及 1 家合资机构的理财子公司。预计在未来的资管新规过渡期内，股份制银行，以及理财转型突出、规模较大的城农商行将成为新一轮理财子公司筹建、开业的主力军。当前银行理财子公司发展主要呈现出以下三个方面的特点：一是银行理财子公司已经初具规模，并且随着理财子公司的不断获批筹建，整体规模将持续扩张；二是大部分理财子公司的产品布局仍以"固收+"为主，产品同质化格局仍然较为明显，但也逐步借由 FOF、MOM 和私募股权等形式探索发行权益类投资产品；三是各公司产品体系发展开始呈现出差异化的战略布局，探索发挥各自相对优势。与传统银行理财产品相比，理财子公司推出的产品有四大特点：一是产品结构中混合类占 20%，权益类占 7.3%，两类加起来占比三分之一。尽管固定收益类产品仍然为主，但混合类占比逐步提升。光大理财子公司即将发行首款以卫生安全为主题的精选股票直投型理财产品。二是固收类产品的基准业绩普遍高于同期银行预期收益性产品。三是混合类产品的基准业绩普遍高于固收类，而权益类产品的基准业绩又高于混合类。四是从理财子公司产品发行期限看，固收类和混合类的产品期限大多集中在 1~3 年，而权益类产品期限则更多在 3 年以上。从整体上来看，理财子公司的平均产品期限与预期收益型的老产品相比明显要长得多。

二、资管新规的局限性

(一) 资管新规未能实现功能监管与穿透监管

资管新规具有很突出的综合性、跨市场性，各类资管业务资产配置雷同，现在的分业监管很难适应资管行业全面开放的发展趋势。首先，资管新规虽然强调功能监管，但是难度很大，仍具有很强的挑战性，到目前为止，监管机构之间尚未建立有效的信息共享或者联席会议机制，实施功能监管的路径仍不清晰；其次，监管部门虽然对资管嵌套有所控制，但是资管之间仍会夹杂并隐藏着有限合伙等嵌套，这种资管资金流向的多层性，使得穿透监管仍然较难，很多资金的实际使用方向与名义用途并不一致，风险隐患依然很大。监管穿透不足使得私募资管产品突破 200 人上限的途径成为可能。

(二) 资管新规并未完全打破刚兑

资管新规虽然明确要打破刚兑，然而在中国形成的刚兑文化下，短期打破刚兑并非易事，部分监管政策依然带有刚兑思维，部分资管机构甚至把维持刚兑作为自身理财产品的卖点。打破刚兑不仅资管机构本身准备不足，投资者更没有做好充分准备。思想共识有待提升，机制建设有待完善。总之，仍需要进一步强化资管机构的信义，夯实资管机构的管理责任，建立健全多元化投资者权益保护和救助机制，树立投资者信心，以维持金融资本市场的稳定性和健康发展。

(三) 资管新规难以完全消除资管业务间的差异

各个领域都发布了与资管新规相配套的实施细则，尽管其核心要求基本相似，然而在监管政策的一些具体要求方面存在一定差异，各领域都想保持自身资管业务和资管机构原有的特点。比如说，银行理财可以有公募发行和私募发行，其中公募基金享有税收优惠；又如，信托非标投资的集中度与其他资管机构相比要高一些等。而且，即使都是公募发行，所遵循的规则也不尽相同，比如说，银行公募理财与公募基金虽然都采用相同的发行方式，但是各自所遵循的规则却有很大差异。就现有的监管机构来看，也有意在资管新规下尽力保留各资管机构本身所具有的特色，这种做法有可能形成新的监管套利空间。

(四) 资管新规尚不能完全实现资管机构的统一监管

资管新规的内容多是围绕资管业务本身的流程以及资管机构的行为进行的，但是由于中国实行分业监管，因此资管新规很少涉及资管机构的准入退出与经营管理等方面的规定，必然会造成对各类资管机构的监管差异。比如，就准入退出渠道而言，公募与券商资管机构等较为畅通，而信托公司等则缺少相应的机制。这种状况不利于各领域不同资管机构之间展开公平的市场竞争。

三、资管新规的争议与矛盾

（一）关于限制非标投资问题

资管新规对非标投资的集中度有所限制，在之后出台的实施细则中也贯彻了这一精神。但是，在国际上既没有区分标和非标的监管要求，更没有直接限制非标的监管要求，只有对流动性高低资产投资的限制。一般要求是，私募基金投资低流动性资产，公募基金投资高流动性资产，而且必须遵循组合投资原则，更多面向机构投资者。当然，对非标限制有利于资金流向金融市场，从而可以促进直接融资市场的发展，这是中国现阶段的政策要求。如果换一个思路来考虑，监管部门完全可以改造非标资管业务，将那些具有"影子银行"特性的业务转变成名副其实的资管业务，进而让市场主体自由选择。

（二）关于资管新规加快去杠杆节奏问题

资管新规的贯彻执行，收缩了表外融资。2018年，资管新规在企业去杠杆的进程中发挥了重大的作用，尤其是对于民企和小微企业影响最大。虽说这并非是落实资管新规的本意所在，但是作为政策的附属产物，其作用不容小觑。当然，这也说明，资管业务可以作为市场化融资渠道之一，在多元化的企业资金来源中占有重要的一席，对于中小企业来说尤其必要。从新冠疫情加剧中小企业融资困境的角度来看，在宏观审慎监管的情况下，给予资管机构资管资金运用的便利，发挥资管业务包括贷款在内的资源优化配置作用，对于抗疫情、稳企业以服务实体经济有非常重要的作用。

（三）关于资管新规过渡期是否延长问题

资管新规实施以来，中国的内外部宏观经济环境发生了巨大的变化，首先是中美贸易摩擦，接着是新冠疫情突发事件，这对资管新规实施的进程产生了始料未及的影响。因此，过渡期是否延长的问题势必被提出来。客观地说，监管部门更需要了解的是，根据资管新规的要求，现有未整改的问题有多少，底层资产还存在什么问题，消化这些资产的途径和方法有哪些，怎样才能确保新的资管业务符合资管新规的要求等。在掌握了这些情况的基础上再考虑是否延长资管新规过渡期问题。同时，资管新规过渡期的延长，针对的仅仅是过往资管业务的整改，对于新发生的资管业务应该站在符合资管新规要求的角度出发，加快出台资管新规的配套制度并确保其如期实施。对于需要延长整改期限的资管机构要提出针对性的要求并带有一定惩罚性举措，以警示资管机构能够必须按期完成整改，否则对于严格执行新规要求并按期完成整改的其他资管机构就不够公平。

四、后疫情时代的资管行业现状

2020 年的新冠疫情是百年难遇的，是第二次世界大战以后全世界面临的最大的挑战。在这种局面下，2021 年及其以后的资管行业将面临多种不确定性因素。根据哈佛大学公共卫生学院的预测，新冠病毒有可能持续到 2025 年。疫情的演化将决定世界各国经济的复苏能力，持续时间越长对经济的负面影响越大。资管新规的实施不得不面对这一不确定环境。

（一）金融市场及政策工具的不确定性

目前各国央行基本上在竭尽所能以应对新冠疫情带来的负面影响。在各国央行量化宽松的政策之下，全球三分之二的主权债券已进入负利率状态，规模合计约 17 万亿美元。低利率和流动性泛滥将成为疫情期间的市场常态。在低利率之下，由于投机性资金的机会成本大幅降低，"热钱"将大幅增加，而"热钱"往往不具有持续性，加上社会、疫情、政策的不确定性，波动性将大幅上升。这必然对资管机构的前瞻性判断提出更高的要求。

美联储动用了所有的金融政策工具，并宣布量化宽松无规模限制。2020年 5 月 13 日美联储资产比 2 月末膨胀了 2.8 万亿美元，总规模即将突破 7 万亿美元。当前美国的信用市场风险凸显，美联储正集中火力防止流动性风险进一步演化为债务危机。由于庞大的资产负债，美联储实际上已成为最重要的市场参与者，它的一举一动都将给世界金融市场带来巨大冲击。因此，未来美联储的金融政策仍有不确定性。

中国央行通过降准、再贷款等金融工具，已经释放 2 万亿元长期流动性资金，通过商业银行信贷投放已经传导给实体经济。尽管市场的总量流动性已经非常充裕，但关键还在于资金的具体流向，要看是不是真正流向有需求的企业，而不是把资金用作投机和套利。由于疫情期间金融政策的非常规性，其出台和执行都带有某种程度的偶然性和不确定性。因此，在疫情不确定的情况下，再叠加金融政策的不确定性，就形成了双重不确定性影响。

（二）多措齐下抗击疫情

2020 年年初，新冠疫情袭来，严格的疫情防控举措使得社会经济生活暂时按下了停止键。资管行业面临自身抗疫，肩负确保人员安全的使命；面临客户营销、现场尽职调查等方面难题；客户对于不确定的疫情走势和高波动的金融市场较为担忧，行业面临降低所管理资产回撤的诉求。资管机构并没有坐以待毙，一是积极参与抗疫，从自身做起，不仅如此，还动员社会资金通过直接捐赠、慈善信托、发行抗疫主题资管产品等多种方式，支援疫情重灾区。二是将部分日常工作由线下转移到线上，诸如线上尽调、线上 APP 销售、线上路演、远程办公，保证政策工作不中断。三是加强与客户沟通，积极分享疫情进展及可能产生的影响，帮助客户更好地进行资产配置和调整。通过这些举措，资管行业平安度过了疫情最困难时期，而且在最大程度上确保了客户资产安全。

（三）监管政策宽严并举

以落实资管新规为核心，监管政策有收有放，监管政策统一性更强。一方面，监管部门继续加强资管新规的落地，保险资管、资金信托等资管新规配套实施细则落地或完成征求意见，继续加大力度压缩融资类信托、通道业务，防控"影子银行"风险；基本完成分级基金、保本基金的整改，推动信托产品、理财产品的净值化改革，提高合规要求；加强资管产品销售监管，针对各类基金、理财等产品的销售、销售机构出台提出新监管要求，强化投资者权益保护力度；保持监管严格程度，继续针对资管业务展业中的内控体系不健全、销售流程不完整、新兴披露不充分、客户适当性工作不到位、违规提供通道服务等违规行为，加大处罚力度，特别是对社会关注的原油宝等重大理财事件的责任人进行了深度调查和从重处罚，起到了很好的警示作用。另一方面，促进资管行业创新发展，针对资管新规落实进度情况，按照实事求是的态度，延长了过渡期；简化了部分公募基金的申报流程环节，部分修改了证券期货经营机构私募资管业务监管制度，以适应新形势下资管业务的发展需求；推出了 ABCP、MOM、基础设施 REITs 等创新资管产品，新增加了投资顾问试点金融机构，构建了粤港澳大湾区跨境理财机制，推动海南自贸港建设中的跨境金融以及资管业务创新实践，加快金融行业对外开放速度和广度。

（四）资管市场冷热不均

我国资管市场规模庞大，截至 2020 年年末总体规模（简单合计）超过100 万亿元，仅次于美国、英国等排名靠前的国家，逐步跃居世界前列，外资机构纷纷涌入我国资管市场，也是看重我国资管机构的发展潜力。不过从2020 年资管产品发行趋势来看，总体旺盛，但是结构问题突出，呈现冷热不均的问题。一是资管机构间的资产管理规模呈现分化态势，公募基金、私募基金、保险资管、期货资管实现增长，而且保持较快增速；而信托、券商资管、银行理财、基金子公司资管规模继续保持收缩状态，这体现了各类资管机构在资管新规下的环境适应能力。在此背景下，国内资管机构的市场份额和竞争格局正在发生变化，原本位居第二位的信托公司已经被公募基金、保险资管超越。二是不同规模资管机构的发展不均衡。在资管新规下，不同规模资管机构的适应能力并不相同，头部机构相对市场发行明显更胜一筹。2020年，公募基金发行火爆，全年发行规模超过3万亿元，爆款基金频现，然而仍存在部分中小公募基金机构发行失败的现象。以信托公司为例，仍有5家信托公司全年没有发行信托产品，在发行过信托产品中的信托公司，发行规模排名首尾的信托公司相差近250倍。总之，各类资管机构的马太效应更为明显。三是不同资管产品收益率走势差距明显，2020年，信托产品平均预期收益率为7.23%，1年起银行理财产品平均为3.78%，而公募基金中主动管理权益基金平均收益率为50.66%，灵活配置基金平均收益率为43.24%，债券基金平均收益率为3.27%。因此，全年权益类公募基金、混合基金更受投资者欢迎。

（五）资管机构创新求变

面对新的监管环境、新的市场需求，资管机构正在调整自身经营策略，增强创新求变、敏捷应对的能力，以此更快地占据市场。一是加快弥补自身短板。在资管新规出台后，各类资管机构正处于统一起跑线下，在形成绝对优势之前，首先需要弥补自身短板。银行理财子公司、信托公司正在加快弥补自身的投研体系建设不足、信息系统建设滞后以及净值化管理缺位的短板；券商资管正在弥补自身主动管理能力不强、内部协同效应不突出的短板；公募基金正在弥补自身渠道建设、产品创新能力的短板；私募基金正在加强自身规范发展、发掘市场机会的能力；期货资管正在加强在金融衍生品投资、量化投资等细分领域的竞争能力。二是推动产品创新，更好地满足客户需求。银行理财加快推动养老理财、ESG主题理财、FOF等理财产品的研发；信托公司正在布局固收+、TOF、打新、指数增强等证券投资信托产品；券商正在打造基于FOF、固收+、权益投资等为核心的产品体系；保险资管努力建设面向个人客户的投资理财产品。而且，日益完善的多层次资本市场建设，日益丰富的金融资产以及风险管控工具，为资管产品产品创新提供了更为有利的外部环境。三是寻求机制创新，适应新的市场竞争形势。公募基金公司探索员工持股等长期激励形势，信托公司探索跟投等激励约束机制，银行理财高薪引进专业人才，体现了机制体制创新对于发展转型的驱动。

第二节　统一监管与资管行业发展政策建议

一、对中国资管行业统一监管的建议

从发达国家的经验来看，金融混业发展是必然趋势，包括资管业务在内的金融服务业的统一监管也是必然趋势。就资管行业的统一监管而言，主要是监管机构要统一，资管业务运营规则要统一，对资管机构的监管要求要统一。

（一）监管机构要统一

发达国家的资管市场都有统一的监管机构，日本是金融厅；英国为金融行为监管局；澳大利亚则是证券与投资交易委员会等。世界上不少国家都将资管业务纳入证券范畴，故而由证券监管部门进行统一监管。统一的监管机构既可以避免不同监管部门的监管竞争，又可以消除监管空白和盲区。因此，建议中国在适当的时候或者归口于证监会、或设立一个统一的监管机构，对资管市场进行统一管理。

（二）资管业务运营规则要统一

早在 20 世纪 40 年代，美国就制定了投资公司法。该法奠定了其资管业务统一监管的基础。韩国制定了《证券交易法》《证券投资公司法》《证券投资信托业法》，虽然实现了资管市场监管制度的完善，但是由于各个制度相互独立，一度造成资管市场的分割。2003 年，韩国出台《间接投资资产管理业法》，统一了基金产品的监管法规。得益于基金业务有了统一的监管环境，韩国的资管行业取得了长足发展。2009 年，韩国出台了《资本市场和金融投资服务法》。该法统一定义了资管业务的范畴和形式，统一了资管业务的运行规则，并对资管机构提出了统一的监管要求。

从当前的发展情况看，中国资管行业的各类资管业务的差距逐步缩小，同类资管业务已开始接受相似的监管要求，资管机构之间也逐步迈入公平竞争的环境。但是，从资管业务的营运角度看，建议在中国建立统一的资管业务法律制度，在区分公募资管业务和私募资管业务的基础上，明确差异化的运行规则，以实现同类资管业务接受相同的监管。

（三）对资管机构的监管要统一

英国的金融市场服务法案、澳大利亚公司法等都对资管机构的准入、退出和监管等提出了明确而统一的要求。这种对资管机构统一的监管要求有利于促进资管机构之间的公平竞争。

建议在中国也要建立相应的法律法规，对资管机构的准入、退出和监管提出平等统一的要求，以促进资管机构业务运作的规范化和竞争的公平化。

总之，顺应全球资管行业发展的趋势，中国资管行业将逐步进入统一监管阶段。随着这一过程深化，资管机构之间的竞争将从牌照竞争转变为能力竞争，从同质化竞争转变为差异化竞争。这种转变将促进居民的福利提升，促进资管行业的高水平发展。

二、后疫情时代对资管机构提升投资管理能力的建议

第一，提升风险观念，强化应对危机的弹性和韧性。新冠疫情的冲击，经济运行将会呈"U"型曲线，处于底部的时间可能较长。目前，高波动、高杠杆、低利率将持续较长时间。在这种情况下，资管机构的资产配置应采取防御策略，把风险看得更重。所谓韧性，就是资管机构要有长期战略性思考，做好中长期的资产配置，并不断做好再平衡。所谓弹性，就是要抓住短期的战术机遇，把握有利的交易性机会。

第二，把握重点，高度重视大类资产配置。在当前全球货币政策宽松时期，资产管理机构的投资不仅是对公司、对行业的选择，更为重要的是要找到跑赢 CPI 乃至 M2 增速的资产。就目前中国乃至全世界的经济发展态势来看，一是要重视数字资产的投资，抓住区块链与 5G 技术等应用场景，发展数字资产赋能的产业和企业的资产配置；二是要重视与居民生活需求密切相关的产业的投资，如医疗健康、消费升级等行业和企业等；当然，与高科技相关的机械行业等也要不失时机地抓住资产配置机会，等等。

第三，加大金融科技应用力度，高度重视线上服务和数字化转型。在疫情对经济、金融冲击的同时，线上金融服务反而逆势上升。数字化技术的渗透使得许多行业的商业模式、工作方式以及人们的消费习惯等都发生了深刻的改变。科技金融将显著影响资管机构的发展。资管机构要更加积极地布局数字化转型，数字化转型将重塑资管行业投研、运营、风控等各个环节，提升资管行业的数字化水平，并将从技术角度引导投资方向。运用金融科技进行定量分析，可以提升资产配置效能、增进大类资产投资绩效、拉长投资半径，拓展资产类别，从而提供新的超额收益。

第四，加强消费者权益保护，重视社会责任担当。具体到资管行业，消费者权益保护终极目的就是投资者利益最大化。可以概括为三个方面：①受人之托，代客理财；②买者自负，卖者有责；③适当的产品卖给适当的投资者。对银行理财来说，消费者权益面临"三期叠加"：即银行理财净值转型起步期，加上投资者风险教育摸索期，进而叠加市场波动剧烈期。消费者权益保护工作的复杂度和难度都在增加。作为代客理财的资管行业，以科学的管理和良好的理财效益确保消费者权益是自己的神圣职责。

同时应该看到，当今社会老龄化加速导致人口红利消失，资管机构在考虑投资时，一定要注意到环境、社会治理等因素，提升社会责任感。要在养老体系建设、支持实体经济、提升直接融资、稳定市场情绪等方面，积极发挥作用。这是资管机构应有的担当和道义。

第三节　商业银行理财业务转型发展政策建议

资管新规及理财新规（理财管理办法、理财子公司管理办法）的出台，意味着商业银行理财业务进入转型和发展的新时期。

一、转型发展方向

资管新规和理财新规出台后，商业银行理财业务面临一次全方位、根本性、系统性的变革。从组织形式看，理财子公司将成为业务的主要载体；从产品方向看，净值化产品转型是大势所趋；从资产配置看，理财资金配置资产的标准化成为重要方向；从市场格局看，大中型银行的市场地位或得到加强。

一是理财子公司将成为业务的主要载体。从监管导向看，监管部门希望通过设立理财子公司，将理财业务从商业银行母体中分离出来。资管新规已明确要求主营业务不包括资管业务的金融机构应当设立子公司开展业务，理财新规更进一步明确商业银行应当通过理财子公司开展理财业务。资管新规的一个重要目的在于统一不同类型资管机构的监管规则，因此设立独立法人地位的理财子公司，有助于在市场准入和投资权限上与其他资管机构看齐。国际上，商业银行控股子公司开展理财业务已经有非常成熟的模式，在资管市场占据重要位置。根据韦莱韬悦（WTW）2017 年统计数据，AUM（Assets Under Management）排名前 20 的资管机构中，银行系有 7 家①。由独立法人机构开展理财业务，也有助于树立防火墙，将理财业务与传统信贷业务、自营投资交易等进行实质性隔离，有效推进打破刚性兑付的进程。实际上，具有独立公司治理结构的理财

① 转引：《理财子公司将对资管行业产生深远影响》，任泽平。网址：http：//finance.sina.com.cn/zl/bank/2018-12-07/zl-ihprknvt5749344.shtml？source=cj&dv=2，1

子公司，在人事、财务等方面具有更多的自主权，更加有利于专业化管理，提升业务能力。

二是产品净值化转型是大势所趋。作为打破刚性兑付最重要的手段，自资管新规出台之后，商业银行已经纷纷开始了产品净值化转型，理财新规进一步明确了商业银行理财产品净值化转型思路，预期收益率型理财产品和保本理财产品已经开始逐步退出市场。当然，净值化转型面临最大的问题是投资者或客户的接受程度，从资管新规出台之后商业银行理财产品发行数量下降也可以看出，投资者购买积极性并不高。但无论怎样，净值化产品是大势所趋，否则又将走回刚性兑付和集聚潜在金融风险的老路。另外，净值化管理对商业银行系统建设提出更高的要求，原有的产品体系被彻底改变，新产品需要新的系统、新的估值体系，面临新的披露和统计规则，需要商业银行加快系统建设。从目前的情况看，商业银行已经普遍开启了产品净值化转型进程，加快调整产品体系。

三是资产标准化是另一个重要方向，需要提升主动管理能力。根据上文，在资管新规和理财新规下，由于限制期限错配和多层嵌套，非标资产投资受到严格限制。目前商业银行存量非标资产正在消化，如果商业银行保持理财产品规模的稳定，那么必将转向标准化产品的投资，在过渡期结束后，理财资金投向标准化产品的比例必将明显提升。标准化资产投资需要提升投研能力，与以往非标资产投资更多依赖于传统信贷文化不同，债券、股票等标准化资产投资对投资文化的依赖程度更高，这就需要提升投资技术和组合工具应用能力。

四是大中型银行的市场地位或得到加强。设立独立的理财子公司，要求业务体系、风控体系、系统建设等众多方面的重建，城商行、农商行等由于自身规模较小、原有产品体系单一、投研能力有限、渠道处于劣势地位，加上系统投入不能与大中型银行相比，所以在转型过程中面临的调整压力更大。对于大中型商业银行，在系统和金融科技等领域的投入，线上线下的客户优势、渠道优势，另外还有人力资源的投入等均是小银行所不能比拟的，转型过程中优势巨大。所以未来理财市场的格局或将形成国有大型银行和一些处于优势地位的股份制银行主导，其他银行参与的格局，市场的集中度有可能进一步提高。

二、转型发展的政策建议

从政策效应分析结论可以看出，资管新规出台后，类似于以往监管政策出台一段时间后被进一步的模式创新所突破的情况没有出现，在系统性改革背景下，新的业务格局将会形成。建议商业银行对照资管新规和理财新规要求，除做好存量业务处置以及新老产品有序衔接之外，还需要在理财产品体系、投资者培育、估值体系、风控体系以及组织架构等方面做进一步的梳理和建设。

一是做好存量业务处置。存量资产主要存在期限错配、分级比例超限、多层嵌套等问题。存量产品需要对保本型、预期收益率型产品进行整改。在过渡期内对存量资产和存量产品逐步清理至符合新规要求，同时要利用好资管新规过渡期优惠政策，实现新资产、新产品的有序承接。对于非标债权资产，一方面需要通过发行新产品对接，另一方面对于期限较长的非标资产，需要通过非标转标等措施进行对接。另外，符合信贷标准的融资主体，还可以通过融资需求回表的方式进行消化。对于非标股权资产，即"非非标"，从第五章的分析可以看出，一般是通过资管计划或信托计划进行间接投资，多层嵌套问题比较严重，项目周期比较长。建议成立子公司后，需要通过发行公募产品和私募产品进行对接，公募产品承接退出期限较短的资产，私募产品承接退出期限较长的产品。

二是加强产品体系建设。按照资管新规和理财新规要求，在规范的基础上，设计新的产品体系，丰富产品种类。根据不同客户需求设计产品，甚至提供个性化的产品设计。如国企、上市公司和养老金客户等，对产品的安全性要求较高，在保本理财产品退出市场后，应尽快开发合适的产品对接这一部分资金，包括结构性存款，以及低风险净值类或现金管理类产品等。根据底层资产状况设计产品，资管新规明确 ABS（资产支持证券）不受杠杆比例和嵌套等规定限制，在非标资产被动收缩的压力下，ABS 可能成为非标转标途径。从市场角度，安全、稳健、流动性高的产品仍是市场需求的主流，需要商业银行平衡好客户需求和业务的合规性。另外，需要商业银行把握好新产品推出的节奏，防止老产品集中、大量到期，而新产品未能接续的情况出现，避免形成新的金融风险。

三是加强投资者培育。资管新规要求理财产品打破刚性兑付并向净值型产品转型，使得理财产品回归"代客理财"的本质，而决定转型是否能够成功的关键是习惯刚性兑付的银行客户能否接受这个转变。因此投资者培育至关重要。加强投资者教育，逐步改变投资者传统的类储蓄式投资理念。在这里，需要重视销售队伍的培训，实现从卖产品到卖服务的转型。资管新规和理财新规实施后，客户对净值型产品接受和习惯培训需要一定时间，需要销售人员主动沟通和引导，做好投资者教育，提升投资者的风险意识。构建能够接受净值型产品的公募投资者群体，根据客户投资经历、家庭金融资产、年均收入等标准，发掘出对符合新规的净值型产品有较好接受度的客户群体。构建符合新规要求的私募投资者群体，形成具有一定风险承受能力，愿意博取高收益的私募投资者群体。

四是强化估值体系建设。资管新规要求理财产品实现净值化管理，且符合会计准则的要求，所以，需要完善理财产品的估值方法，明确估值、核算、验证等工作流程。理财产品估值是一个庞大的系统工程，需要商业银行尽快满足监管政策关于产品净值变化和信息披露的要求。另外，估值范围应覆盖股票、债券等标准化资产、非标资产、衍生品等各类资产。根据资产持有目的、资产收取合同现金流的属性，确定采用市值法还是摊余成本法，完善估值模型。

五是全面风控体系建设。资管新规出台之后，刚性兑付被打破，不同理财产品风险特征不同，责任承担方式不一样，商业银行需要建立覆盖全部新产品和业务流程的风险管控体系。建立穿透式的风险监测体系，实时监测产品风险，合理设定行业限额、集中度、杠杆率等指标体系。搭建严格的投资审查体系，建立完善的信用评级机制和统一的投资审批流程。按照资管新规去通道、去嵌套要求，减少交易层次，对合作机构实施名单制管理，从根本上降低输入性风险。同时需要建立日常化、动态化的流动性风险管理体系，按照资管新规，理财产品投资非标资产时不再期限错配，流动性管理压力有所降低，但仍需加强季末、年末等关键时点的流动性应对工作。在产品设计中强化对流动性风险因素的考量。

六是理财子公司的定位。资管新规和理财新规要求商业银行设立理财子公司从事理财业务，从国际上看，由银行控股的子公司独立开展理财业务，将其与银行信贷、自营交易等传统银行业务隔离开来，是通行的做法。因此理财子公司架构必将成为主流模式。从功能定位看，理财子公司应继续作为银行理财业务的主要板块，加强理财子公司与总分行、境内外子公司等主体的联动，尤其是综合化运营的商业银行，通常已经拥有基金公司、保险公司、期货公司、信托公司等子公司牌照，但是需要进一步理顺理财子公司和其他子公司之间业务关系和考核机制，最大限度地发挥银行集团各子公司和各部门之间的合力。另外，理财子公司是从总行部门转变成为的独立法人机构，过去大量业务基于信贷文化理念，在资管新规出台之后，需要基于投资理念打造团队，大幅提升投研能力。

参考文献

［1］安侠. 商业银行私人银行业务监管问题探究［J］. 财经界（学术版），2011（11）：181.

［2］巴曙松，杨倞，等. 2018年中国资产管理行业发展报告［M］. 成都：四川人民出版社，2018.

［3］蔡粤屏. 西方私人银行业务的现状及在我国发展的前景［J］. 南方金融，2000（9）：35-38.

［4］蔡真. 我国渐进式存款利率市场化对居民储蓄的影响：以银行理财产品为例［J］. 中国社会科学院研究生院学报，2017（2）：29-36.

［5］曹彤. 财富管理：商业银行零售业务发展的战略选择［J］. 财经问题研究，2009（5）：63-67.

［6］柴欣然. 商业银行金融理财产品监管问题的研究［J］. 财经界（学术版），2014（9）：105-106.

［7］昌忠泽，曹沁. 利率市场化条件下我国商业银行理财产品定价中枢及溢价模型实证研究［J］. 投资研究，2017（10）：4-18.

［8］常健. 论"穿透式"监管与我国金融监管的制度变革［J］. 华中科技大学学报（社会科学版），2019，33（1）：111-117.

［9］常清英，林清泉. 债券价格、到期期限以及到期收益率的数学分析方法［J］. 中国农业大学学报，2003（04）：81-85.

［10］陈典发. 利率期限结构的一致性［J］. 系统工程，2002（1）：17-19.

［11］陈嘉欣，王健康. 互联网金融理财产品余额宝对商业银行业务的影响：基于事件分析法的研究［J］. 经济问题探索，2016（1）：167-173.

［12］陈建光. 资管新规对金融机构影响的实证分析［J］. 经济师，2018（11）：190-191.

［13］陈恪. 商业银行个人理财产品市场竞争行为研究［D］. 成都：西南

财经大学，2011.

[14] 陈荣梅.理财新规对理财产品销售的影响分析及应对策略 [J].现代金融，2018 (10): 13-14.

[15] 陈珊.银信合作业务规范研究 [J].中国投资，2011 (5): 96-98.

[16] 崔兵，何彦霖，邱少春.有序打破刚性兑付：基于投资者软预算约束理论 [J].南方金融，2018 (5): 3-9.

[17] 崔鸿雁.建国以来我国金融监管制度思想演进研究 [D].上海：复旦大学，2012.

[18] 董希淼.资管新规细则对银行的影响 [J].中国金融，2018 (8): 49-50.

[19] 段胜辉.银信合作、货币供应与货币政策 [J].上海金融，2012 (3): 51-56, 117.

[20] 范小云，王道平.巴塞尔Ⅲ在监管理论与框架上的改进：微观与宏观审慎有机结合 [J].国际金融研究，2012 (1): 63-71.

[21] 高勇，王东.商业银行理财产品收益率变动特征研究 [J].金融理论与实践，2015 (5): 50-53.

[22] 龚强.监管科技助力互联网金融创新发展 [J].清华金融评论，2018 (3): 37-38.

[23] 苟文均.穿透式监管与资产管理 [J].中国金融，2017, (8): 17-20.

[24] 郭俊华.我国商业银行个人理财业务发展状况与监管对策 [J].经济问题，2009 (4): 79-82.

[25] 郭涛，宋德勇.中国利率期限结构的货币政策含义 [J].经济研究，2008 (3): 39-47.

[26] 郭田勇，陆洋.监管新规促银行理财产品回归稳健 [J].西部论丛，2009 (9): 52-53.

[27] 韩东京.资产定价思想的发展 [J].特区经济，2010 (6): 75-76.

[28] 韩扬，何建敏.资管新规窥探：银行表内外流动性创造与实体经济增长 [J].财经科学，2018 (6): 25-38.

[29] 郝旭光，朱冰，张士玉.中国证券市场监管政策效果研究：基于问卷调查的分析 [J].管理世界，2012 (7): 44-53.

[30] 何树红，杨世稳，陈浩.我国商业银行个人理财模式探索 [J].经济问题探索，2010 (5): 157-160.

［31］胡斌，胡艳君.利率市场化背景下的商业银行个人理财产品［J］.金融理论与实践，2006（3）：16-19.

［32］胡利琴，常月，陈锐，等.中国影子银行通道演变及风险形成机理研究：基于机构关联的视角［J］.保险研究，2017（10）：29-41.

［33］胡明东，宗怿斌.银行理财产品创新对货币政策的影响［J］.武汉金融，2009（4）：39-40+48.

［34］胡秋实.中国商业银行个人理财市场分析与对策探究［J］.财经界（学术版），2017（5）：27-29.

［35］胡维静.银行理财产品收益率对存款利率定价市场化的影响研究［J］.金融会计，2017（12）：48-54.

［36］胡新华，徐志宏.国债收益率曲线构建的国际比较研究：兼论商业银行人民币收益率曲线的构建［J］.金融论坛，2009（3）：23-29.

［37］黄爱学.商业银行理财适合性规则研究［J］.上海金融，2012（7）：89-91，118.

［38］黄晨怡.我国商业银行个人理财业务现状及对策研究［J］.现代商贸工业，2018，39（9）：112-113.

［39］黄春铃.2011~2012年商业银行理财业务发展分析［J］.银行家，2012（2）：23-26.

［40］黄德权，苏国强.基于Nelson-Siegel模型的中国利率期限结构实证研究［J］.金融理论与实践，2016（8）：12-17.

［41］黄国平.中国银行理财业务发展模式和路径选择［J］.财经问题研究，2009（9）：51-56.

［42］黄顺武，陈杰.利率期限结构预期理论的实证研究：基于中国国债收益率［J］.西安财经学院学报，2012（2）：5-8.

［43］黄勋敬，程秋虎，赵曙明.商业银行理财经理胜任力模型研究［J］.金融论坛，2012，17（9）：45-52.

［44］姜豪.商业银行理财产品定价方法及影响因素研究［J］.中国物价，2018（2）：62-66.

［45］姜再勇.银行理财业务对货币政策的影响［J］.中国金融，2011（12）：29-30.

［46］蒋萍，姚维斌.银信合作新规对商业银行理财业务的影响［J］.时代金融，2011（17）：96-97.

［47］金树颖，李美萱.利率市场化对银行理财产品定价影响的研究［J］.

黑龙江金融, 2017 (6): 57-60.

[48] 李浩. 股份制银行发展战略研究 [J]. 金融研究, 2005 (1): 82-90.

[49] 李宏瑾, 钟正生, 李晓嘉. 利率期限结构、通货膨胀预测与实际利率 [J]. 世界经济, 2010 (10): 120-138.

[50] 李江鸿, 沙金. 银行个人综合理财业务法律问题与风险防控 [J]. 金融论坛, 2011, 16 (9): 57-64.

[51] 李莉. 透视资管新规细则对商业银行的影响 [J]. 农村金融研究, 2018 (8): 4-5.

[52] 李林夏, 付鹏. 银行理财产品到期收益率实现情况分析 [J]. 大众理财顾问, 2015 (8): 60-61.

[53] 李娜. 监管政策变迁背景下商业银行理财产品收益率影响因素和模式创新研究 [D]. 武汉: 中南财经政法大学, 2019.

[54] 李娜. 商业银行理财产品收益率影响因素研究: 基于监管政策变迁视角 [J]. 经济经纬, 2019, 36 (2): 149-157.

[55] 李娜. 商业银行理财产品模式创新综述 [J]. 财经界, 2020 (8): 37-38.

[56] 李娜. 统一监管下商业银行理财业务影响分析 [J]. 全国流通经济, 2020 (6): 158-159.

[57] 李鹏. 银行个人理财服务质量的评价 [J]. 金融论坛, 2007 (8): 47-51.

[58] 李秀红. 从"零负收益"现象看银行理财业务风险 [J]. 金融与经济, 2010 (4): 82-84.

[59] 李扬. "金融服务实体经济"辨 [J]. 经济研究, 2017 (6): 4-16.

[60] 李怡. 新加坡私人银行业务发展现状分析及其启示 [J]. 亚太经济, 2004 (6): 25-27.

[61] 李泽廷. 银信理财合作业务新规带来的挑战 [J]. 银行家, 2010 (12): 116-117.

[62] 李志辉. 美国银行业经营与管理模式的变化动因分析 [J]. 美国研究, 2000 (3): 42-65.

[63] 梁雅敏. 银信合作业务创新模式及风险管理 [J]. 西部金融, 2013 (7): 15-18, 23.

[64] 廖智, 刘浩然. 谈西方私人银行业务 [J]. 金融与市场, 1998 (9):

43-45.

[65] 林海，郑振龙. 利率期限结构研究述评 [J]. 管理科学学报，2007 (1)：79-93，98.

[66] 林业新. 我国商业银行理财产品发展存在的问题及对策分析 [J]. 财经界（学术版），2015 (10)：131-132.

[67] 刘金全，郑挺国. 利率期限结构的马尔可夫区制转移模型与实证分析 [J]. 经济研究，2006 (11)：82-91.

[68] 刘金全. 利率期限结构与宏观经济因素的动态相依性：基于 VAR 模型的经验研究 [J]. 财经研究，2007 (5)：126-143.

[69] 刘晶，刘亚，田园. 中国商业银行资金池理财产品监管研究：以某四大国有商业银行为例 [J]. 金融与经济，2013 (6)：52-57.

[70] 刘世琪. 我国商业银行个人理财业务的发展研究 [J]. 现代商业，2018 (26)：90-91.

[71] 刘毓. 商业银行理财产品的模式变迁、发展瓶颈与突破之路 [J]. 中央财经大学学报，2008 (5)：32-37.

[72] 柳灯. 银行理财十年发展脉络：从 0 到 12 万亿"非标"资金池崛起 [N]. 21 世纪经济报道，2014-06-02 (010).

[73] 龙煦霏. 资管新规下投资理财产品的"机与危" [J]. 中国商界，2018 (12)：42-43.

[74] 娄飞鹏. 结构性存款：发展现状、趋势、问题与建议 [J]. 金融发展研究，2018 (05)：64-69.

[75] 鲁政委. 银行理财业务发展的苦恼 [J]. 中国金融，2013 (4)：53.

[76] 罗荣华，林华珍，翟立宏. 银行理财产品收益率曲线的构建与分析：基于随机效应半参数模型的方法 [J]. 金融研究，2013 (7)：99-112.

[77] 马方一. 私人银行业务与经营转型：从瑞士信贷的成功经验看国内银行业的发展方向 [J]. 中国城市金融，2007 (3)：43-45.

[78] 马俊胜，张龙清. 商业银行理财业务风险控制研究 [J]. 金融论坛，2014，19 (2)：48-52.

[79] 马秋君，李巍. 我国银行结构性理财产品的收益与风险分析 [J]. 经济社会体制比较，2011 (6)：189-194.

[80] 牛泽林. 资管新规对中国商业银行的影响分析 [J]. 全国流通经济，2018 (20)：82-83.

[81] 潘敏，夏庆，张华华. 货币政策周期与国债利率期限结构 [J]. 财

贸研究, 2012 (1): 1-7.

[82] 普益标准研究团队. 银行理财新规全方位解读 [J]. 中国外汇, 2018 (16): 64-66.

[83] 齐森. 我国利率互换收益率曲线的构建及实证模拟 [J]. 世界经济情况, 2009 (10): 57-62.

[84] 戚克栴. "金融压抑"理论回顾与我国金融改革的建议 [J]. 金融经济, 2013 (8): 118-120.

[85] 阮志鹏. 商业银行资产管理业务发展研究 [J]. 华北金融, 2017 (5): 50-54.

[86] 山东银监局课题组, 艾建华, 崔玉平. 商业银行资产管理业务发展转型及监管研究 [J]. 金融监管研究, 2015 (3): 78-98.

[87] 沈根祥. 利率期限结构的宏观金融模型 [J]. 经济学动态, 2011 (2): 142-146.

[88] 盛方富. 我国存款利率市场化的制约因素及突破渠道: 基于银行理财产品市场化定价的实证分析 [J]. 企业经济, 2013, 32 (05): 178-181.

[89] 石柱鲜, 孙皓, 邓创. 中国主要宏观经济变量与利率期限结构的关系 [J]. 世界经济, 2008 (3): 53-59.

[90] 宋常, 马天平. 旁氏骗局、非净值型资金运作模式与中国资产管理业务 [J]. 当代经济科学, 2013 (5): 40-51, 125.

[91] 苏薪茗. 银行理财产品的发展与转型 [J]. 中国金融, 2017 (12): 60-62.

[92] 苏薪茗. 银行理财产品是庞氏骗局吗?: 基于中国银行业理财产品市场的实证分析 [J]. 金融论坛, 2014, 19 (11): 43-52.

[93] 苏薪茗. 银行理财业务机制研究 [D]. 北京: 中国社会科学院研究生院, 2014.

[94] 孙皓, 宋平平. 利率期限结构的经济预测能力: 定量研究方法缕析 [J]. 上海金融, 2017 (6): 17-22, 9.

[95] 孙红梅, 宋宗宇. 银行理财、信息披露与消费者知情权 [J]. 管理世界, 2017 (5): 180-181.

[96] 孙娟娟. 大资管时代金融机构财富管理业务的差异化拓展: 基于财富管理与资产管理的辨析 [J]. 南方金融, 2017 (1): 92-97.

[97] 孙泽华. 利率期限结构预期理论研究 [D]. 大连: 东北财经大学, 2011.

[98] 涂人猛.证券投资理论的演绎与实践[J].社会科学动态,2017(12):15-20.

[99] 汪昌云,汪勇祥.资产定价理论:一个探索股权溢价之谜的视角[J].管理世界,2007(7):136-151.

[100] 王飞,沈润涛.银行理财净值化转型路径[J].中国金融,2018(1):81-82.

[101] 王飞婷.利率期限结构影响因素分析[J].金融经济,2017(16):110-112.

[102] 王光宇.资管新规发布,指引银行理财业务转型[J].银行家,2019(1):25.

[103] 王家强,熊健.资管新规下的商业银行经营管理转型[J].清华金融评论,2018(6):94-95.

[104] 王晓亮.股份制商业银行发展战略研究分析[J].财经界(学术版),2016(13):20,27.

[105] 王雪,孙建坤.商业银行资产池理财产品探析[J].银行家,2010(10):68-70.

[106] 王岩岫.商业银行理财业务及资产管理行业的监管与发展[J].国际金融,2014(9):3-6.

[107] 王一鸣,李剑峰.我国债券市场收益率曲线影响因素的实证分析[J].金融研究,2005(1):111-124.

[108] 王轶昕,程索奥."穿透式"监管背景下商业银行资产管理业务转型发展研究[J].改革与战略,2018,34(7):56-63.

[109] 王喆,张明,刘士达.从"通道"到"同业":中国影子银行体系的演进历程、潜在风险与发展方向[J].国际经济评论,2017(4):128-148,8.

[110] 魏巍,蒋海,庞素琳.货币政策、监管政策与银行信贷行为:基于中国银行业的实证分析(2002—2012)[J].国际金融研究,2016(5):48-60.

[112] 吴丹,谢赤.利率期限结构的样条估计模型及其实证研究[J].系统工程,2005(1):54-58.

[113] 吴芳华.存款准备金率的调整对国债收益率曲线的影响分析[J].经营管理者,2011(7):13.

[114] 吴国培,王德惠,付志祥,梁垂芳.我国理财产品收益率曲线构建及实证研究[R/OL].中国人民银行工作论文(第4号).(2015-04-03).http://www.pbc.gov.cn/yanjiuju/124427/133100/2162378/2811464/index.html.

［115］项后军，闫玉. 理财产品发展、利率市场化与银行风险承担问题研究［J］. 金融研究，2017（10）：99-114.

［116］谢云山，林妙莹. 利率期限结构理论综述［J］. 云南财贸学院学报，2005（1）：52-56.

［117］邢彬. 银行结构性理财产品的定价和风险管理研究［D］. 上海：复旦大学，2010.

［118］邢成. 规范与创新：银信合作的现状与趋势［J］. 中国金融，2010（22）：41-43.

［119］徐立平，赵丽菊. 商业银行个人理财业务投资组合研究［J］. 海南金融，2010（3）：81-85.

［120］徐庆宏，何兵，孙从海. 全球金融危机下的银行理财与风险管理［J］. 西南金融，2009（3）：61-62.

［121］徐锐钊，周俊淑. 商业银行个人理财业务需求影响因素实证分析［J］. 经济学动态，2009（3）：86-88，152.

［122］杨晨，田益祥. 基于蒙特卡洛模拟的结构性理财产品的定价研究［J］. 管理学家（学术版），2011（12）：12-21.

［123］杨德行. 银行理财配置 FOF/MOM 的模式分析［J］. 清华金融评论，2016（10）：89-92.

［124］杨飞. 商业银行个人理财业务研究与展望［J］. 金融论坛，2009，14（4）：10-15.

［125］杨美明. 个人理财产品到期收益率的影响因素研究：基于中国光大银行和中国工商银行的人民币理财［J］. 中国集体经济，2014（16）：59-62.

［126］杨荇，刘新. 资管新规正式落地 银行理财转型谋变：《关于规范金融机构资产管理业务的指导意见》简评［J］. 现代商业银行，2018（9）：35-42.

［127］姚余栋. 中国金融市场通胀预期：基于利率期限结构的量度［J］. 金融研究，2011（6）：61-70.

［128］伊娜. 国外个人理财业务的发展对我国银行业的启示［J］. 浙江金融，2007（1）：34，39.

［129］银保监会. 商业银行理财业务监督管理办法［EB/OL］. 银保监会2018 年第 6 号令.（2018-09-28）. http：//www. cbrc. gov. cn/chinese/newS-houDoc/8F256782CDD74BABB776B1B33F1B6BC0. html.

［130］银保监会. 商业银行理财子公司管理办法［EB/OL］. 银保监

2018 年第 7 号令. (2018-12-2). http：//www. cbrc. gov. cn/chinese/newShou-Doc/C441E44624394A76B25051CA7F4AFE5C. html.

[131] 银监会下发《商业银行理财业务监督管理办法（征求意见稿）》[J]. 大众理财顾问, 2015（1）：12.

[132] 尹航. 金融监管体制的主要问题与革新途径之研究 [J]. 时代经贸, 2018（15）：81-82.

[133] 尹龙. 商业银行理财业务的发展与监管 [J]. 中国金融, 2005（05）：44-46.

[134] 尹振涛. 资管业务的宏观审慎管理思路 [J]. 中国金融, 2017（23）：33-35.

[135] 于鑫. 宏观经济对利率期限结构的动态影响研究 [J]. 南方经济, 2009（6）：25-33.

[136] 余宗辉, 康锐, 李婧博. 金融监管视角下商业银行信贷资产转让风险透析 [J]. 上海金融, 2010（12）：57-60.

[137] 袁增霆, 王伯英, 蔡真. 银行理财产品的创新动机及影响因素 [J]. 南方金融, 2010（11）：76-79.

[138] 张春华. 我国银信合作理财业务的发展现状与未来趋势 [J]. 企业经济, 2011, 30（09）：176-178.

[139] 张华宇. 资管行业差异化发展之路 [J]. 中国金融, 2017（23）：23-25.

[140] 张杰, 杨连星. 资本错配、关联效应与实体经济发展取向 [J]. 改革, 2015（10）：32-40.

[141] 张淞凯. 资管新规后商业银行金融理财产品的应对 [J/OL]. 中国商论, 2019（1）：44-46.

[142] 张中玉, 徐涛. 零息收益率曲线期限结构变化的主成分分析 [J]. 统计与信息论坛, 2006（1）：97-100.

[143] 赵丽, 高强. 国外公司债券定价模型研究评述 [J]. 国际金融研究, 2013（08）：53-59.

[144] 赵泽涵, 李海燕, 郭爽. 资管新规对商业银行理财业务的影响探析 [J]. 农村金融研究, 2018（7）：36-39.

[145] 郑荣年, 陆磊. 商业银行私人银行业务监管研究 [J]. 经济纵横, 2008（08）：90-92.

[146] 郑智. 中国资产管理行业发展报告（2018）[M]. 社会科学文献出版社, 2018.

［147］中国人民银行.关于规范金融机构资产管理业务的指导意见［EB/OL］.银发（2018）106号文.（2018-04-27）.http：//www.pbc.gov.cn/goutongjiaoliu/113456/113469/3529606/index.html.

［148］中国人民银行.关于进一步明确规范金融机构资产管理业务指导意见有关事项的通知［EB/OL］.（2018-07-20）.http：//www.pbc.gov.cn/goutongjiaoliu/113456/113469/3582714/index.html.

［149］周朝阳，余力.我国商业银行理财市场定价效率研究［J］.经济问题探索，2014（6）：87-92.

［150］周海燕.从利率市场化视角看银行理财产品发展［J］.银行家，2013（04）：60-63.

［151］周丽，李金林.利率期限结构理论与模型［J］.北京工商大学学报（自然科学版），2004（5）：62-66.

［152］周茂清.我国个人理财模式的转变及商业银行的应对之策［J］.新金融，2007（12）：56-58.

［153］周荣芳.银行理财产品的存款替代及利率市场化［J］.中国金融，2011（15）：16-17.

［154］周小川.金融政策对金融危机的响应：宏观审慎政策框架的形成背景、内在逻辑和主要内容［J］.金融研究，2011（1）：1-14.

［155］周鑫.利率期限结构研究述评［J］.商业经济，2015（9）：141-146.

［156］周月秋，藏波.资管2.0时代商业银行理财业务的转型与发展［J］.金融论坛，2019，24（1）：3-11.

［157］周子康，王宁，杨衡.中国国债利率期限结构模型研究与实证分析［J］.金融研究，2008（3）：135-154.

［158］朱波.利率期限结构宏观金融模型研究新进展［J］.经济学动态，2010（7）：101-105.

［159］朱小川.近年银信合作监管政策的变化、效果及挑战［J］.上海金融，2011（7）：55-61.

［160］朱焱.商业银行理财产品创新对货币政策传导效应的影响［J］.财经问题研究，2015（12）：69-74.

［161］祝红梅.银行理财产品定价的实证研究：从利率市场化的视角［J］.投资研究，2012，31（9）：151-156.

［162］邹杨波，高长宏.国外公司债券定价模型的理论与实证研究述评

［J］. 金融经济, 2014（20）: 139-140.

　　［163］. 孙冶方金融创新奖首届（2014 年度）评选结果揭晓［J］. 经济研究, 2015, 50（6）: 195.

　　［164］ Balke Nathan S, Fomby Thomas B. Threshold cointegration［J］. International economic review, 1997: 627-645.

　　［165］ Barberis, Nicholas. Investing for the longrun when returns are predictable［J］. Journal of Finance, 2000, 55: 225-264.

　　［166］ Berger, Allen N., Robert DeYoung. The Effects of Geographic Expansion on Bank Efficiency［R］. Federal Reserve Bank of Chicago, Working Paper, 2000: 14.

　　［167］ Biff L Jonhson, Eytan J, Kevin B. Chemical Bank Adopts a Holistic Approach to Successfully Transforming its Retail Franchise in New York［J］. Business Change&Reengineering, 1995, 2（4）: 43-52.

　　［168］ Black F, Scholes M. The Pricing of Options and Corporate Liabilities［J］. Journal of Political Economy, 1973, 81（3）: 637-654.

　　［169］ Brandt, MichaelW. Estimating portfolio and consumption choice: a conditional Euler equations approach［J］. Journal of Finance, 1999, 54: 1609-1645.

　　［170］ Brennan, MichaelJ., EduardoS. Schwartz, and Ronald Lagnado. Strategic asset allocation［J］. Journal of Economics Dynamics and Control, 1997, 21: 1377-1403.

　　［171］ Broadie M, Glasserman P, Kou S. Connecting Discrete and Continuous Path-Dependent Options［J］. Columbia- Graduate School of Business, 1997: 55-82.

　　［172］ Campbell, John Y., Yeung Lewis Chan, and Luis M. Viceira. Amultivariate model of strategic asset allocation［J］. Journal of Financial Economics, 2003, 67: 41-80.

　　［173］ Carino, David R. And William T. Ziemba. Formulation of the Russell-Yasuda Kasaifinancial planning［J］. Operations Research, 1998, 46: 433-449.

　　［174］ Carman, J. M. Consumer perceptions of service quality: An assessment of the SERVQUAL dimensions［J］. Journal of Retailing, 1990（66）: 33-55.

　　［175］ Chen, K. C. Sears, R. S. Pricing the SPIN［J］. Financial Management, Summer, 1990（19）: 36-47.

　　［176］ Cronin, J. J. Taylor, S. A. Measuring service quality: A reexamination and extension [J]. Journal of Marketing, 1992 (56): 55-68.

[177] Cronroos, Christian. An Applied service marketing Theory [J]. European Journal of marketing, 1982 (16): 30-41.

[178] David D. VanHoose. Bank Capital Regulation, Economic Stability, and Monetary Policy: What Does the Academic Literature Tell Us? [J]. Atlantic Economic Journal, 2008, 36 (1): 57-69.

[179] DeYoung, Robert, William C. Hunter. Deregulation, the Internet, and the Competitive Viability of Large Banks and Community Banks [J]. In the Future of Banking, edited by Benton E. Gup, Quorum Books, 2003: 173-201..

[180] Drago, William&Geisler, Eliezer. Business process reengineering: lessons from the past [J]. Industrial Management &Data Systems, 1997, 97 (8): 297-303.

[181] Engler, Henry, James Essinger. Part I an Overview. In The Future of Banking, Pearson Education Limited, 2002: 3-71.

[182] Epstein, L. S. Zin. Substitution, risk aversion, and the temporal behavior of consumption and asset returns: a theoretical framework [J]. Econometrica, 1989, 57: 937-969.

[183] G. Richard Thoman, William T. Kerr, JR. International strategy for medium-sized banks [J]. THE McKIIVSEY QUARTERLY, AUTUMN 1974: 63-71.

[184] George M Bollenbacher. The New Business of Banking [J]. Bankers Publishing co., 1992: 160-230.

[185] Goldman M B, Sosin H B, Gatto M A. 1979. Path Dependent Options: Buy at the Low, Sell at the High [J]. Journal of Finance, 34 (5): 1111-1127.

[186] Gong Cheng, Dirk Mevis. What happened to profitability? Shocks, challenges and perspectives for euro area banks [J]. The European Journal of Finance, 2019, 25 (1): 113-121.

[187] Gunji, Yuan. Bank diversification and monetary policy [J]. Applied Economics Letters, 2018, 25 (15): 128-135.

[188] Hakansson, N. H. and W. T. Ziemba. Capital growth theory. In: R. A. Jarrow, V. Maksimovic, and W. T. Ziemba. Finance [M]. 1995: 123-144.

[189] Hammer, Michael. Reengineering work: Don't automate, obliterate [J]. Harvard business Review. July-August. 1990: 18-25.

［190］Hansen Bruce. 1999. Testing for linearity ［J］. Journal of Economic Surveys, 13 （5）: 551-576.

［191］Heather Gratton. Regional and Other midsize Banks: Recent Trends and Short-Term Prospects ［J］. Future of Banking Study, 2004 （6）: 6-14.

［192］Ibbotson, Roger G., and Paul D. Kaplan. Does asset allocation policy explain40, 90, or 100 percent of performance? ［J］. Financial Analysts Journal, 2000, 56 （January/February）: 26-33.

［193］Jack Clark FRANCIS. Portfolio analysis of asset and liability management in small-, medium- and large-sized banks ［J］. Journal of Monetary, 1978 （4）: 459-480.

［194］Jensen, Michael C., The Performance of Mutual Funds in the Period 1946-1964 ［J］. Journal of finance. 1968 （5）: 48-56.

［195］Johnson, Sarah. Reengineering the bank. Canadian Banker, 1992, 102 （1）: 23-27.

［196］Kallberg, J. G., R. W. White, and W. T. Ziemba. Short term financial planning under uncertainty ［J］. Management Science, 1982, 28: 670-682.

［197］Kemna A G Z, Vorst A C F. 1990. A pricing method for options based on average asset values ［J］. Journal of Banking & Finance, 14 （1）: 113-129.

［198］Kim, Tong Suk, and Edward Omberg. Dynamic nonmyopic portfolio behavior ［J］. Review of Financial Studies, 1996, 9: 141-161.

［199］Lynch, Anthony W. Portfolio choice and equity characteristics: characterizingThe hedging demands induced by return predictability ［J］. Journal of FinancialEconomics, 2001, 62: 67-130.

［200］Markowitz, Harry. Portfolio selection ［J］. Journal of Finance, 1952, 7: 7791.

［201］Merton R C. 1973. Theory of Rational Option Pricing ［J］. Bell Journal of Economics, 4 （1）: 141-183.

［202］Merton, R. C. Optimum consumption and portfolio rules in a continuous -time model ［J］. Journal of Economic Theory, 1971, 3: 373-413.

［203］Merton, Robert C. Lifetime portfolio selection under uncertainty: the continuous time case ［J］. Review of Economics and Statistics, 1969, 51: 247, 257.

［204］Mossin, Jan. Optimal multiperiod portfolio policies ［J］. Journal of Business, 1968, 41: 205-225.

[205] Muhammad Umar, Gang Sun, Khurram Shahzad, Zia-ur-Rehman Rao. Bank regulatory capital and liquidity creation: evidence from BRICS countries [J]. International Journal of Emerging Markets, 2018, 13 (1): 127-135.

[206] Mulvey, J. M. and Z. Chen. An empirical evaluation of the fixed-mix investment strategy [R]. Princeton University Report SOR-96-21, 1996: 123-131.

[207] Parasuranman, Valarie A. Zeithaml, Leonard L. Berry. A Conceptual Model of Service Quality and Its Implications for Future Research [J]. Journal if Marketing, 1985 (48): 41-50.

[208] Parasuranman, Valarie A. Zeithaml, Leonard L. Berry. SERVQUAL: A Multiple Item Scale for Measuring Consumer Perceptions of Service Quality [J]. Journal of Retailing, 1988 (64): 12-40.

[209] Philipp harle, Erik luders, Theo Pepanides, Sonja Pfetsch, Thomas Poppensieker, Uwe Stegemann. Basel III and European banking: Its impact, how banks might respond, and the challenges of implementation [R]. Mckinsey, 2010 (11): 17-23.

[210] Schroder, Mark and Costis Skiadas. Optimal consumption and portfolio selection with stochastic differential utility [J]. Journal of EconomicTheory, 1999, 89: 68-126.

[211] Sharp, W F., Mutual Fund Performance [J]. Journal of Business, January, 1966, 39: 119-138.

[212] Tong Howell. Threshold models in non-linear time series analysis [R]. Lecture notes in statistics, No. 21. Springer-Verlag, 1983: 93-99.

[213] Treynor, Jack L.. How to Rate Management of Investment Funds [J]. Harvard Business Review. January-February. 1965: 275-289.

[214] Wachter, Jessica A. Portfolio and consumption decisions undemean-reverting returns: An exact solution for complete markets [J]. Journal ofFinancial and Quantitative Analysis, 2002, 37: 63-91.

[215] Wilmarth, Arthur. The Transformation of the U. S. Financial Services Industry, 1975-2000: Competition, Consolidation, and Increased Risks [J]. University of Illinois Law Review, 2002: 215-223.

[216] Xi Zhang, Jian Li. Credit and market risks measurement in carbon financing for Chinese banks [J]. Energy Economics, 2018: 137-145.

［217］Xia, Yihong. Learning about predictability: the effects of parameter uncertainty on dynamic asset allocation ［J］. Journal of Finance, 2001, 56: 205-246.

［218］Zack J. In Kentucky. Big Dreams of the Future of Banking ［J］. American Banker, 1994 (12): 82-91.